D1392451

JE SUIS RESTÉ
UN ENFANT DE CHŒUR

GEORGES SIMENON

mes dictées

JE SUIS RESTÉ
UN ENFANT DE CHŒUR

PRESSES DE LA CITÉ
PARIS

© Georges Simenon, 1979

ISBN 2-258-00505-1

Il y a une semaine environ, le printemps a éclaté tout à coup ici. La veille encore, il tombait de la neige fondue. Du jour au lendemain le soleil s'est mis à briller et, jusqu'à nouvel ordre, il continue, ce qui ne signifie pas que nous ne connaîtrons pas, comme certaines années, un retour de l'hiver.

Le jardin est plein de fleurs. Pour la première fois de sa vie, Teresa avait planté un grand nombre de crocus. Ils ont tous éclos, les uns d'un jaune vif, les autres blancs, car j'ai une certaine allergie pour le mauve.

Elle avait peur, au début, que nos oiseaux viennent les manger ou les casser en passant. Ils ne cassent rien. Ils ne mangent rien. Ils se faufilent avec une adresse que je leur envie.

Mon seul regret c'est que, de temps en temps, ils ne viennent pas nous dire bonjour dans notre studio.

Ils ont acquis, même les plus jeunes, un rite régulier. Dès qu'il est l'heure du petit déjeuner, ils se mettent à pépier tous ensemble et quelques-uns, plus hardis, frappent du bec à nos fenêtres.

Comme une fermière va nourrir ses poules, Teresa fait le tour du jardin en répandant des graines.

Après la sieste, ils s'impatientent à nouveau, surtout si nous faisons, comme cela arrive, une sieste un peu plus longue que les autres jours.

Pourquoi cela me rappelle-t-il une partie de mon enfance, le jardin de la rue de la Loi, à Liège, avec, au fond, une dizaine de poules dans un poulailler ? Je n'en sais rien. Comme je l'écrivais il y a une heure à un de mes bons amis, on dirait que l'enfance et la vieillesse se rejoignent. On retrouve la même naïveté des impressions, la même fraîcheur du regard. C'est une des raisons parmi d'autres pour lesquelles il est agréable de vieillir, en dépit de toutes les petites défaillances de notre organisme.

En parlant des enfants aussi, les médecins utilisent les mots « maladies infantiles ». On pourrait parler de même des maladies du deuxième, du troisième, du quatrième âge.

Aujourd'hui, je me sens léger, ce qui ne veut pas dire que demain je ne serai pas morose. Mais un enfant qui s'endort béatement, ne se montre-t-il pas grognon et même agressif quelques heures après ?

Je commence aujourd'hui mon douzième volume de dictées, pendant que le onzième est à la dactylographie. C'est devenu un besoin. Des journalistes me demandent ce que je fais de toute la journée. Je ne dicte pas du matin au soir, certes, sinon il faudrait abattre des forêts pour me publier. Mais je dicte à peu près quotidiennement et cela me rappelle aussi des souvenirs.

Je dois l'avoir déjà raconté, mais plutôt dans des interviews dont je ne garantis pas l'exactitude. Après les années que j'appellerais les années d'apprentissage, pendant lesquelles j'écrivais force romans populaires, aussi bien pour jeunes filles sentimentales que pour jeunes gens qui ne rêvaient que d'aventure, des centaines de contes aussi que l'on appelait alors des « contes galants » et qui aujourd'hui passeraient pour des histoires à l'eau de roses, il se fait qu'un matin, à bord de mon bateau l'*Ostrogoth*, ancré dans le port de Delfzjil, j'ai essayé d'écrire un roman policier. C'était un peu comme un échelon vers la littérature, quoique je déteste ce mot. Il n'y a rien de plus facile, en effet, que d'écrire un roman policier. D'abord, il y a au moins un mort, davantage dans les romans policiers américains. Il y a ensuite un inspecteur ou un commissaire qui mène l'enquête et qui a plus ou moins le droit de fouiller le passé et la vie de chacun. Enfin, il y a les suspects, plus ou moins nombreux, plus ou moins bien camouflés par l'auteur en vue de la surprise finale.

L'inspecteur ou le commissaire servent en somme de rampe, comme dans un escalier abrupt. On les suit. On partage leurs soupçons et parfois les dangers qu'ils courent. Puis, un peu avant la dernière page, la vérité est dévoilée.

Même si le roman est mauvais, il est rare que le lecteur l'abandonne après les deux ou trois premiers chapitres, tenté de connaître la fin. Il n'en est pas de même avec un roman ordinaire, que l'on a tendance à jeter au bout de deux ou trois chapitres si l'on n'a pas été accroché.

J'en arrive à mon premier roman policier, écrit à Delfzjil, dans le nord de la Hollande, à bord de mon bateau l'*Ostrogoth*. J'ignorais complètement en l'écrivant que ce roman serait suivi de beaucoup d'autres avec une partie des mêmes personnages. Même la silhouette de Maigret était rudimentaire.

C'était un gros homme, qui mangeait beaucoup, buvait beaucoup, suivait patiemment les suspects et arrivait en fin de compte, comme il se doit, à découvrir la vérité.

Mes principaux romans populaires étaient publiés chez Fayard, et j'envoyai le manuscrit à celui-ci.

C'était un bel homme, aux tempes argentées, qui aurait fait fortune au cinéma. Mais c'était aussi un éditeur qui avait du flair. C'est lui qui a créé *Candide*, le premier hebdomadaire en grand format pour lequel il avait réuni les collaborateurs les plus brillants de l'époque. Un peu plus tard, il devait créer *Je suis partout*, avant la guerre, bien entendu. Il créa aussi *Les Œuvres libres* et *Le Livre de demain* qui était une édition relativement bon marché de tout ce qui avait du succès à l'époque.

Ce succès en faisait un homme sûr de lui, qui tranchait de très haut de tout ce qui concernait le journalisme ou la littérature.

À Delfzjil, où je devais casser la glace chaque matin autour de mon bateau, car c'était en plein hiver, j'attendais. Je n'ai pas eu à attendre longtemps. Par télégramme, il m'a convoqué à Paris et j'ai vu qu'il avait mon manuscrit sur son bureau.

— Combien de temps cela vous a-t-il pris pour écrire ce livre ?

— Une semaine.

Et, avec l'air magnanime de Zeus, il me demanda de lui écrire un roman de la même veine par mois, avec, comme lien entre eux, le personnage de Maigret.

Ce que je fis pendant dix-huit mois. Le succès allait grandissant. On comptait les traductions : quatre, puis six, puis dix.

Seulement, moi, j'en avais ras le bol, comme on dit aujourd'hui. Aussi, à mon retour à Paris, j'ai annoncé que j'abandonnais la série et que je me sentais capable, à présent, d'écrire des romans sans cadavres et sans policiers. Je me souviens encore de sa réaction. C'était un homme très poli et, pour la première fois, je l'ai vu en colère.

— Vous êtes comme tous les autres. Le succès vous monte à la tête et vous vous imaginez que vous allez le retrouver en écrivant autre chose que des romans policiers.

Il me cita Conan Doyle qui ne pouvait plus entendre parler de Sherlock Holmes, et dont les autres romans avaient presque été un désastre. Il m'en cita d'autres dont le nom ne me revient pas. Et il conclut :

— Voilà ce que sera votre avenir.

J'ai tenu bon. Je n'avais écrit les Maigret que comme transition entre mes romans populaires et ce que j'appelais alors mes « romans-tout-court », car je déteste le mot « romans psychologiques ».

Le père Fayard se résigna et publia mes romans suivants : *La Maison du Canal, Le Coup de lune, L'Ane rouge*, etc.

C'est le moment que Gaston Gallimard, dont les couvertures blanches étaient pleines de prestige, choisit pour m'approcher par l'intermédiaire d'un ami commun. Et là aussi il y eut une conversation dont j'aimerais me rappeler les détails. Gaston Gallimard, lui aussi, était un bel homme, d'une urbanité remarquable. Après m'avoir serré la main chaleureusement, il m'annonça :

— Nous n'allons pas parler affaires maintenant. Nous déjeunerons ensemble à tel restaurant (il connaissait bien entendu le restaurant le plus renommé de Paris), et nous aurons tout le temps de bavarder.

Je lui tins à peu près ce discours :

— Monsieur Gallimard, je dois avant tout vous prévenir que je ne vous appellerai jamais Gaston (tout le monde, jusqu'à la téléphoniste et les dactylos, l'appelaient ainsi rue Sébastien-Bottin). Je ne déjeunerai ni ne dînerai jamais avec vous. Nos conversations d'affaires auront lieu dans ce bureau ou chez moi, sans la présence d'une secrétaire, et sans l'interruption des conversations téléphoniques.

En réalité, Gaston Gallimard était un timide et c'est parce que j'en étais un autre que j'avais parlé avec tant d'autorité. Le résultat c'est que, une heure plus tard, notre premier contrat était signé et que, par la suite, je ne suis pas retourné, sauf exceptionnellement, rue Sébastien-Bottin. C'est lui qui, chaque année, à la date où notre contrat devait être renouvelé, venait me voir à Nieul-sur-Mer.

Une solide amitié s'établit peu après entre nous. Je la partage d'ailleurs aujourd'hui avec son fils Claude qui était alors un adolescent.

Pendant cinq ans, je n'ai pas écrit un seul roman policier et j'ai laissé Maigret dans son bureau du Quai des Orfèvres. Mes

11

romans non policiers avaient le même sort que mes romans policiers, en dépit des prévisions d'Arthème Fayard.

Pourquoi m'est-il arrivé de reprendre le personnage ? La vérité, c'est que je recevais de nombreuses lettres me disant que j'avais honte de Maigret et que je l'avais abandonné. Certains critiques écrivaient à peu près la même chose. J'ai décidé alors, à une époque où j'écrivais six romans par an, d'y glisser au moins un Maigret. C'était pour moi un repos. Cela me changeait de ce que j'appelais maintenant mes « romans durs ».

Et j'ai continué à ce rythme, ce qui explique qu'il y a beaucoup plus de romans sans Maigret que de romans « avec ».

Aujourd'hui, je n'écris plus de romans et je pourrais dire qu'une page de ma vie est tournée. Lorsque j'ai atteint ma soixante-dixième année, j'ai décidé de cesser d'écrire. La tension devenait de plus en plus grande. Je me sentais presque physiquement incapable de la soutenir et j'ai pris ma retraite.

Il est vrai que le lendemain du jour où j'ai annoncé celle-ci, j'allai rue de Bourg acheter le modèle le plus simple des enregistreurs.

C'était pour moi un jouet, un passe-temps, comme de faire des mots croisés, par exemple. J'ai dicté ainsi *Un homme comme un autre*. J'ai failli le garder dans mes tiroirs sans le laisser publier. Un de mes amis, Bernard de Fallois, qui l'a lu à la maison où il était venu me voir, m'a convaincu du contraire. Je l'ai donc publié, en me souvenant toujours des paroles du père Fayard. Un romancier qui abandonne le roman déçoit fatalement ses lecteurs.

Cela m'était égal. J'avais écrit assez de romans pour remplir une vie.

Un homme comme un autre m'a valu une avalanche de lettres, non de gens déçus mais, au contraire, de gens qui me demandaient de continuer.

12

Alors, je continue. Pas tellement pour eux que pour moi, parce que ces dictées ont fini par prendre la forme d'une sorte de virus. J'en suis atteint au point que, quand je reste deux trois jours sans dicter, je me sens mal dans ma peau.

Je crois que je l'ai dit en commençant. Le onzième volume est terminé. Je commence aujourd'hui le douzième. Je ne me préoccupe pas du succès. Tout comme *Un homme comme un autre*, j'écris pour ma satisfaction personnelle, j'allais dire par manie.

Et, comme j'aime la vie, comme j'en suis un passionné malgré mon âge, je souhaite ardemment que cette série, sans atteindre, évidemment, le chiffre de deux cent vingt de mes romans, continue quand même à croître.

Quant au succès ou à l'insuccès, à la sortie de ces œuvres, j'avoue que j'y suis assez indifférent. On ne peut parler du succès d'un auteur que dix ou vingt ans après sa mort, davantage pour Stendhal, par exemple, et Stendhal, aujourd'hui, se moque éperdument de ce que les universitaires écrivent sur son compte.

Dans un des derniers ouvrages qu'il a publiés, le professeur Jean Bernard, un des plus grands hématologues du moment, écrivait en substance :

— La médecine a réellement commencé à exister il y a une trentaine d'années.

Ce qui veut dire, si je comprends bien, qu'elle est encore dans l'enfance, à l'âge des tâtonnements.

Cela n'empêche pas la pullulation des médecins ni que les salles d'attente soient pleines. Je viens d'en faire l'expérience. Deux ou trois fois par semaine, ces derniers mois, j'ai dû me rendre chez un médecin dont la secrétaire ou l'infirmière me branchait pendant dix minutes une cheville sur un appareil mystérieux à ondes ultra-courtes.

Je ne trouve rien de plus déprimant qu'une salle d'attente de médecin ou de dentiste et j'avoue que je suis toujours tenté de m'enfuir. Les patients s'observent les uns les autres, se comptent, supputent le temps qu'ils auront encore à attendre et jettent un vague coup d'œil sur des illustrés généralement vieux d'un an.

A ce moment, bien qu'on soit au chaud et à l'abri, on envie les silhouettes engoncées dans des pardessus, les mains dans les poches, qu'on voit passer, détrempées ou luttant sans succès contre le vent. Au fond, c'est une excellente leçon de

15

choses. Nous croyons instinctivement aux miracles de la médecine, même si ces miracles n'existent pratiquement pas. Seulement, il faut passer par cette sorte de purgatoire qu'est l'antichambre ou l'attente d'un rendez-vous. Je connais ici, à Lausanne même, des médecins dont les premiers rendez-vous disponibles sont dans trois mois.

Je m'enhardis à poser quelques questions qui paraîtront certainement naïves.

— Qu'est-ce qu'une heure ?

On me répondra que cela représente soixante minutes, mais qu'est-ce qu'une minute ? Un certain nombre de secondes. Et une seconde est pour ainsi dire indéfinissable.

Le nombre de milliards d'années que l'homme a vécu sous une forme ou sous une autre change régulièrement et devient toujours plus grand. Or, parmi les crânes les plus anciens que l'on a retrouvés, on a pu relever les traces d'opérations qui nous paraissent encore compliquées, comme par exemple la trépanation.

Lorsqu'un savant croit avoir découvert un nouveau traitement ou un nouveau médicament, il l'essaie d'abord sur des rats ou sur des cobayes. Ce n'est que beaucoup plus tard qu'on se risque à l'essayer sur des hommes.

Je sais où je voudrais en venir, mais j'hésite sur le chemin à suivre car je suis tout le contraire d'un scientifique.

Presque chaque jour, des étoiles meurent dans notre ciel. Il y a aussi des étoiles qui naissent et que nous mettons des centaines de milliers d'années à découvrir.

La plupart de ces étoiles ont fort probablement des satellites. Et on peut imaginer que ceux-ci, avec tout ce qui y vit, meurent en même temps que leur soleil.

Un milliard d'années ? Dix milliards d'années ? Cela dépend des théories de chaque spécialiste.

On vient de découvrir qu'il existe des réactions électriques entre ce monde lointain et que nous parvenons aujourd'hui à capter. En même temps, on a découvert que notre vie animale est sinon dominée, tout au moins influencée, par des courants inconnus.

On essaie les nouvelles découvertes, que ce soit des virus qu'on ne connaissait pas ou des antivirus, sur des rats et d'autres animaux. En apparence, pourtant, leur constitution physique ressemble fort à la nôtre.

Par contre, nous leur dénions plus ou moins toute intelligence et nous doutons même de celle des primates les plus développés. Il est vrai que l'homme est un primate aussi et que l'humanité comporte un certain nombre d'idiots.

Les premières religions ont prétendu que les étoiles avaient été clouées au firmament pour nous éclairer la nuit et pour nous permettre de nous diriger.

On nous annonce pour l'an 2025 je ne sais combien de milliards d'individus sur terre. Mais combien y en a-t-il sur les autres planètes et comment sont-ils faits ? Jusqu'à présent on n'a découvert que quatre ou cinq produits de base nécessaires à la vie. A la vie comme nous la concevons, bien entendu. Pourquoi ne serions-nous pas une infime partie de l'univers et pourquoi n'obéirions-nous pas comme le reste à certaines lois essentielles ?

Nous parlons beaucoup d'intelligence mais nous ignorons à peu près tout de la façon dont elle fonctionne. Nous inventons des cuisinières électriques, la radio, la télévision, mais nous ne savons pas comment nous en servir car, la plupart du temps, les résultats, sauf sur le plan technique, sont inférieurs à la qualité de l'invention.

Pour ne prendre que la télévision, qui nous a tous émus, lors des premiers essais, imaginait-on qu'elle servirait à de la publicité presque outrageante à force de bêtise, à des discours politiques qui ne le sont pas moins, à des feuilletons que n'aurait pas osé signer Alexandre Dumas ou Paul Féval ?

Nous ne vivons pas dans un monde moribond, mais dans un univers qui en est encore à ses premiers balbutiements.

Nous jouons avec la médecine, avec la biologie, avec la

17

physique, avec les autres sciences, comme un enfant joue avec tout ce qui lui tombe sous la main.

Un jour viendra sans doute où nous saurons ce qui se passe au-dessus de nos têtes dans les nébuleuses encore mystérieuses. D'ici là, notre orgueil et l'appât du gain font marcher notre petit monde, cahin-caha, avec plein d'incertitudes et de luttes fratricides.

Combien de milliards d'individus en l'an deux mille vingt-cinq ? J'ai oublié le chiffre qui est très impressionnant mais il ne tient compte ni des virus encore inconnus, ni des guerres dont le potentiel a rarement été aussi élevé qu'aujourd'hui. Il y en a même qui annoncent de nouvelles périodes glaciaires pour dans un temps rapproché.

Quelques petites parties de notre monde seront peut-être épargnées mais nous n'en sommes pas sûrs. Il a fallu que, l'été dernier, une sécheresse à peine exceptionnelle règne un peu partout pour bouleverser l'économie et la politique.

Je crois cependant en quelque chose. Que ce soit notre corps ou celui des rats, nous obéissons à peu près aux mêmes règles. La nature n'est pas dispendieuse. Ce qui est bon pour nous l'est probablement aussi pour la Voie lactée et je pense que les futures découvertes seront celles d'une règle unique qui sert aussi bien à l'arbre de mon jardin qu'aux fourmis qui viennent parfois se promener sous nos fenêtres, comme elles ont servi longtemps à l'humanité sans que celle-ci s'en doute.

Les Ecritures prétendent que le plus grand péché que puisse commettre l'homme est le péché d'orgueil, qui aurait d'ailleurs poussé Lucifer à la révolte.

Nous sommes tous dans une certaine mesure des petits lucifers, si fiers de nous que nous nous croyons le centre du monde.

Il est vrai que je ne sais quel concile a décidé que les nègres n'étaient pas des hommes mais des animaux. Les Arabes, les Indiens, étaient, eux, des *Infidèles* qu'il était urgent d'anéantir.

Il n'y a pas si longtemps qu'en Australie on tirait les Maoris au cours de battues comme nous tuons les chevreuils et les sangliers.

Est-il donc impossible à l'homme d'admettre qu'il fait partie d'un tout et qu'il est soumis aux règles, probablement bien déterminées, mais que nous ne connaissons pas, de l'univers ?

Vendredi 1er avril 1977.

Je suis dans mon fauteuil blanc comme presque tous les matins à cette heure-ci et j'ai vis-à-vis de moi Teresa dans son fauteuil rouge. Mon fauteuil, avec d'autres, a été fait sur mesures du temps d'Epalinges, d'un cuir lavable à l'eau qu'il a fallu faire venir des Etats-Unis. Ce n'était pas une coquetterie de ma part. C'était le fait que j'ai horreur d'avoir les bras trop écartés lorsque je lis un livre ou un journal.

Je ne perds pas un mouvement ou une expression de Teresa. Pourtant mon regard se tourne sans cesse vers la grande porte-fenêtre qui ouvre sur notre jardin. C'est un bien petit jardin. Peu de retraités s'en contenteraient. Mais d'abord, comme par un immense parapluie, il est presque entièrement couvert par un vieux cèdre du Liban ; ensuite, j'observe malgré moi les oiseaux dont l'un ou l'autre vient parfois frapper à nos vitres.

On pourrait croire, dans ces conditions-là, que je passe mon temps à remâcher les souvenirs des quarante ans environ, presque cinquante, pendant lesquels j'ai couru le monde.

Or, cela m'arrive rarement. On dirait qu'une grande partie de mon existence ne m'a laissé que comme une bouillie de souvenirs. Pourtant, je ne voyageais pas en touriste mais, presque partout, que ce soit en Afrique, en Amérique du

Sud, aux Indes, dans les îles du Pacifique, je suis resté longtemps et, en ce qui concerne les Etats-Unis, j'y ai passé dix ans à vivre dans toutes les régions.

Or, les souvenirs qui me reviennent le plus souvent sont des souvenirs de mon enfance et de mon adolescence. Je ne prétendrais pas que le reste est effacé, mais il est devenu pour moi irréel. Heureusement que j'emportais ma machine à écrire avec moi et que j'ai pu travailler n'importe où.

Comme les autres adolescents, je n'ai eu que pitié pour les solitaires à qui il suffisait d'un poisson rouge dans son bocal pour compagnie. Ma mère avait toujours rêvé de posséder un canari chanteur. Or, chez les canaris, il n'y a que le mâle qui chante.

Bien entendu, on lui a refilé une femelle et elle l'a gardée pendant de longues années en espérant toujours que le moment viendrait où il se mettrait à chanter.

Je voudrais essayer de tirer une leçon de ce que je viens de dire. Nous avons peut-être de plus en plus tendance à voir trop grand et de nous réjouir de pouvoir aller en avion à Bangkok, à Hong-Kong, au Carnaval de Rio, que sais-je encore ?

Aujourd'hui, c'est un peu pour moi comme si nous portions des vêtements trop grands.

Mes trois fils ont beaucoup voyagé. L'un d'eux est allé en Extrême-Orient. Pierre va passer ses vacances de Pâques en Angleterre, où il est déjà allé. Il connaît l'Italie, la Grèce, que sais-je encore, et il n'a pourtant que dix-huit ans.

Lorsqu'il me parle de ses voyages, je retrouve à peu près les mêmes vides que quand j'évoque les miens.

On dirait que certains déplacements sont un peu comme un plat trop indigeste pour nous. Nous pouvons absorber les charmes d'un jardin, surtout d'un petit jardin, nous réjouir du gonflement puis de l'éclatement des bourgeons, des premières feuilles, des premiers crocus, des premières violettes.

Si je n'ai pas de canaris, c'est que plus de deux cents

oiseaux, peut-être trois cents, passent plusieurs heures par jour à sautiller dans notre herbe et dans nos arbustes.

A Epalinges, j'avais une vaste pelouse et un coup d'œil unique sur le lac et les Alpes. Je ne me suis jamais promené dans ce jardin-là, sinon pendant quelques minutes à l'insistance des metteurs en scène de télévision.

Ici, nous attendons, pour pénétrer dans notre jardinet, que les oiseaux se soient perchés dans les arbres, car nous ne voulons pas les déranger. Ils ont leurs heures. Nous avons les nôtres. On se respecte mutuellement.

Cela me rappelle un vieux souvenir. Lorsque j'étais petit garçon, je pouvais passer des heures à regarder tomber la pluie et à suivre les zigzags toujours imprévus des gouttes d'eau sur les vitres.

De même, l'hiver, alors que nous n'avions pas le chauffage central et que, sauf la cuisine, la maison n'était pas chauffée, mon premier soin en m'éveillant était de me précipiter vers la fenêtre afin de dessiner du bout des doigts une série d'arabesques dans le givre qui la couvrait. J'ai encore aujourd'hui, quand j'y pense, la sensation de ce givre qui se glissait sous les ongles et qui finissait par rendre les doigts bleutés.

Teresa sourit devant moi. Je sais pourquoi. Parce que, en son temps, elle a fait exactement la même chose et que ses souvenirs, aujourd'hui, sont les mêmes.

Après que Richelieu a employé tous les moyens pour unifier la France, on voit aujourd'hui des régions réclamer, tout au moins, une certaine liberté indispensable. Les petites villes, tant méprisées au siècle dernier, redressent la tête. Les grandes villes, les capitales, commencent à faire peur.

Au fond, c'est un petit peu comme si nous possédions un appareil photographique perfectionné mais doté d'un tout petit objectif. Peu d'images nous suffisent, à condition que nous sachions les regarder : celles d'un homme ou d'une femme qui marchent dans la rue ou qui boivent leur petit café ou leur vin blanc dans un bistrot.

Encore faut-il que, pour que nous y distinguions des hommes et des femmes, ce ne soit pas dans la cohue des Champs-Elysées, dans un supermarché ou dans un café grand comme un hall de gare.

En réalité, nos facultés d'absorption sont fort limitées. Pendant un certain nombre d'années, nous ne nous en apercevons pas et nous mordons, comme on dit, la vie à belles dents.

Pour nous apercevoir un jour que nous avons mordu à vide et que nous ne nous sommes enrichis ni le cœur, ni le cerveau.

Dans le Connecticut, j'avais une propriété qui comportait cinquante hectares de bois, des dizaines de milliers d'arbres, deux ruisseaux à truites. Je n'ai jamais attrapé une seule truite, ce qui ne me désole pas, car je n'aurais pas eu le courage de les tuer, mais encore je n'ai jamais pu faire le tour entier de la propriété, et je la connaissais surtout grâce à Marc, qui avait alors douze ans, grimpait dans les rochers, traversait les marais. Se souvient-il seulement aujourd'hui de ce qui n'a été pour lui qu'un décor?

Lui aussi, maintenant, habite une petite maison à cinquante kilomètres de Paris et sa passion est d'aller aux champignons.

Tout comme le vieux fermier. Tout comme je l'ai fait pendant ma jeunesse. Teresa dans son fauteuil, en face de moi, la porte-fenêtre et les oiseaux de l'autre côté des vitres, ne valent-ils pas mieux qu'un cocktail-party où l'on raconte n'importe quoi à des gens avec qui on n'a aucune affinité?

Je ne dîne pas en ville, comme on dit dans les milieux mondains. Je ne fréquente pas les salons, officiels ou non, je déguste à petites bouchées gourmandes ce que la nature a bien voulu mettre à ma portée.

Il m'arrive d'avoir envie de décrire l'humanité comme un énorme saucisson découpé en tranches minces, chacune de ces tranches se croyant meilleure et plus grosse que les autres et s'efforçant de marquer sa supériorité par des signes.

J'ai rencontré des dizaines de milliers de gens dans ma vie. Je ne me souviens pas d'un homme ou d'une femme n'éprouvant pas le besoin de marquer sa supériorité dans un domaine quelconque, parfois dans un domaine ridicule. Il y a pourtant aux deux bouts du saucisson des morceaux (ceux qui tiennent la ficelle) dont le statut est complètement différent de celui des autres hommes.

Les premiers, ce sont les bébés et les enfants. Parce qu'ils ne s'expriment pas ou parce qu'ils s'expriment mal, on croit qu'ils sont incapables de penser et on a décidé une fois pour toutes qu'ils n'avaient pas droit à leur libre arbitre.

Ce qu'on appelle les grandes personnes se penchant sur le berceau d'un bébé, trouvent tout juste à dire :

— Quel bel enfant !

Même s'il est laid, même si, dès ce moment-là, il est l'idiot qu'il restera pendant le reste de sa vie.

Je crois que l'habitude va en se perdant, mais pendant des siècles, pour en faire un homme ou une femme, on n'avait trouvé que le moyen de leur donner des gifles. Les parents étaient satisfaits d'eux-mêmes, conscients de faire ainsi leur devoir. Et de là, pour ceux qui n'ont pas reçu de gifles, le terme péjoratif d' « enfants gâtés ».

Dès l'école maternelle, on envoie l'élève espiègle ou trop exceptionnel dans le coin et, lorsque j'étais jeune, celui qui était dans le coin devait garder les bras en l'air.

A ces futurs hommes, dont on aura besoin pour les guerres à venir, on inculque un sentiment, si l'on peut dire, qui a le vilain nom de respect.

L'enfant irrespectueux est classé tout juste en dessous du délinquant. Respectueux avec les parents, avec les parents des parents et leur famille, respectueux vis-à-vis de l'instituteur ou de l'institutrice sans parler du directeur de l'école qu'on voit très bien, comme le curé, voguant tel un ange barbu sur un petit nuage rose, mais tenant la foudre d'une main ferme.

Combien osent se révolter ? J'en ai connu très peu et si j'en ai souffert, c'est justement parce que je n'étais pas de ceux-là et que, pour une raison que je ne connais pas, j'étais le prototype de l'élève modèle.

Il m'en est resté des séquelles. Pendant des années, il y a eu des quantités de choses que je n'ai pas voulu dire, des attitudes que je n'ai pas osé prendre.

A dix-huit ans, à dix-neuf ans, ce qui a été un bébé rose est resté un esclave selon la loi. Il ne possède de personnalité propre que dans les quelques rares pays qui ont instauré la majorité à l'âge de dix-huit ans.

Sauf un cas. Le cas de guerre. Alors, on les considère comme des hommes et on les envoie se faire tuer.

Vient la délivrance, c'est-à-dire les fameux vingt et un ans. On n'est qu'un apprenti parmi les hommes, le dernier du bureau ou de l'atelier.

La longueur de cette gestation me confond. Surtout qu'elle est souvent suivie d'une autre gestation presque plus pénible, dans beaucoup de cas tout au moins.

Je me souviens d'avoir écrit jadis, alors que je n'avais pas la trentaine :

— Les romans du siècle dernier se terminaient en général par un mariage et par les mots consacrés : ils furent heureux et eurent beaucoup d'enfants.

J'ajoutais :

— *C'est ici que le drame commence.*

Tous ces êtres-là, hommes et femmes, vont commencer la lutte pour le statut, une lutte féroce, impitoyable, et pas seulement entre politiciens.

Un deux pièces ? Un trois pièces ? Un H.L.M. ? Ou bien un yacht, un petit château, une plus ou moins somptueuse maison de campagne. Le plus curieux, c'est que les autres, ceux qui n'ont pas atteint le statut à cet âge, regardent avec envie et respect ceux-là qui ont, semble-t-il, réussi, même si c'est en trichant, et sont fiers quand ils ont l'occasion de se frotter à eux.

La cinquantaine sans décoration au revers du veston est une cinquantaine de pauvre, de raté.

Ceux-là se mettent à boire, à s'aigrir, à observer leurs contemporains avec amertume.

Mais j'en oublie l'autre bout de mon saucisson. Nous sommes partis d'un berceau. Nous en arrivons au vieil âge. On crée à leur intention des quantités d'œuvres et des assistantes sociales viennent visiter les plus handicapés ou les chercher pour les emmener à l'hôpital d'où ils ne sortiront plus. J'ai beaucoup observé les yeux des vieillards, hommes ou femmes. Ce n'est plus la révolte de l'enfant que son institutrice envoie dans le coin. C'est plutôt une sorte de résignation, sinon d'indifférence.

On les trouve grognons, exigeants, ou simplement radoteurs. Quant à savoir ce qu'ils pensent, personne ne s'en préoccupe. On ne les fait plus grimper au cocotier comme dans quelques peuplades de jadis et même d'aujourd'hui. La société se contente de les subir et d'ignorer qu'ils sont des hommes comme les autres, en dépit de leurs infirmités.

Eux aussi, pourtant, ont besoin d'un statut. Chez les Indiens d'Amérique, comme dans quelques autres peuplades, ce sont les « anciens » qui sont honorés et que l'on consulte en toute occasion.

Chez nous, en Occident, les « anciens » ne sont honorés que s'ils portent un habit vert avec un bicorne, que s'ils ont été ministres ou s'ils sont milliardaires.

Et là, quelque chose me trouble. Certes, quelques paysans parfois illettrés deviennent centenaires et, dans un village que j'ai habité, on comptait trois centenaires à la fois.

C'est l'extrême minorité, au point que cela fournit des articles aux journaux.

Mais que dire alors des académiciens, par exemple, qui atteignent à peu près tous un âge très avancé grâce aux oripeaux qu'on leur permet de porter.

Il en est de même des politiciens. On dirait que le statut, pour reprendre encore ce mot-là, aide à la longévité.

Alors qu'un O.S. est mis à la retraite à soixante ans ou à soixante-cinq, cinquante-cinq seulement pour les femmes et pour ceux qui exercent un métier dangereux ou malsain, les gens arrivés, comme on dit aussi, continuent leur activité ou en tout cas à être honorés quand ils sont devenus gâteux.

Je n'aime pas ce mot-là. Je viens de parler beaucoup des vieillards dont j'ai scruté le regard. Je n'ai pas toujours compris ce qu'ils pensaient à longueur de journées mais je suis sûr qu'ils pensaient et, au fond, je préfère ne pas savoir quoi. Ils pourraient nous donner de l'existence une image par trop décevante.

Le milieu de mon saucisson est plus banal. Pour les uns, la vie consiste à gagner le pain de la famille coûte que coûte. Pour d'autres, à grimper sur le toit d'une voiture, les bras écartés, afin de bénir la foule devant l'Arc de Triomphe.

Qu'est-ce qui détermine le destin des uns et des autres et

qu'est-ce qui crée ces millions d'abîmes plus ou moins grands entre les êtres humains ? Je me garderai bien de répondre à cette question-là sur laquelle à peu près tous les biologistes du monde se penchent depuis des années sans avoir trouvé de réponse convaincante.

Depuis avant-hier, le printemps a comme éclaté, dans toute sa splendeur, bien que le temps reste frais, d'une fraîcheur agréable à laquelle nous rêverons sans doute au plus fort de l'été.

Hier, nous nous sommes fait conduire dans un tout petit village d'où vient le vin blanc que je bois depuis trois ans. J'ignorais son origine. Maintenant je la connais et j'en suis heureux.

Allons-nous avoir des Pâques ensoleillées, ce qu'on pourrait appeler des Pâques d'enfant ? Car, curieusement, le souvenir que nous gardons des fêtes carillonnées est presque toujours ensoleillé.

Pour moi, il en est de même du dimanche. Cela ne reste jamais un jour comme un autre. Il a une saveur qui n'a rien à voir avec la religion, encore que j'attende comme un plaisir particulier la sonnerie des cloches.

Il est vrai que j'attends aussi les autres jours les cris perçants de la récréation d'une école toute proche. A Liège, nous habitions juste en face d'une école primaire dont j'ai été un des élèves, et ces bruits aigus de la récréation me sont restés vivants dans la mémoire.

Je crois que, toute notre vie, nous sommes influencés par des souvenirs de notre enfance, souvent à notre insu.

31

Miraculeusement, c'est en prenant de l'âge que l'on retrouve le plus de ces souvenirs-là, et qu'on les déguste.

Un de mes rôles de père, peut-être le principal, a été de meubler l'esprit de mes enfants, non pas d'idées, que d'autres se chargeront de leur donner, mais d'images. L'un après l'autre, je les ai promenés dans des endroits que je savais qu'ils n'oublieraient pas et je leur ai appris à se pencher sur une fleur comme au milieu des champs parsemés de coquelicots, à grignoter des épis de blé tiédis par le soleil.

Or, depuis quelque temps surtout, je me suis aperçu que ces images s'étaient bien imprégnées dans leur mémoire.

L'éducation, à mon sens, ne doit pas être de se tenir convenablement dans un monde déterminé, mais doit nous fournir l'amour de la vie et la capacité d'en jouir quotidiennement, qu'il pleuve, qu'il vente ou que le soleil brille.

J'ai parlé tout à l'heure de notre visite à ce petit village d'où vient mon vin. Je ne suis malheureusement plus un enfant. Mais je sais déjà que les images de mon après-midi resteront dans ce que je pourrais appeler mon album intime.

Je le feuillette souvent. Sans ordre chronologique. Sans que cela corresponde à des idées quelconques.

Je ne le fais d'ailleurs pas exprès. Je me couche, persuadé que je vais m'endormir dans les quelques minutes qui suivent. C'est ce qui arrive le plus souvent. Je ne sais pas si c'est parce que c'est la pleine lune, qui a toujours eu une influence sur moi, mais, les deux derniers jours, je me suis endormi une fois à deux heures et demie du matin, l'autre fois à minuit et demie, alors que je m'étais couché comme d'habitude à neuf heures et demie.

Je n'avais aucune préoccupation, aucun problème. Je ne passais pas mon temps à me tourner et à me retourner et je restais là, immobile, les yeux clos, à ne penser à rien de précis. Les pages de mon album défilaient en désordre, trop rapidement pour me permettre d'y penser.

Teresa, à côté de moi, quand elle se réveillait, était

persuadée que je dormais profondément et prenait des précautions pour ne pas me réveiller.

C'est pourtant la nuit dernière que, sans le chercher, j'ai trouvé un titre pour la série de mes nouveaux livres. Celui que je dicte en ce moment est le douzième depuis que j'ai pris ma retraite. Les volumes parus n'avaient chacun que leur titre propre. Quand on rééditera l'ensemble, il faudra bien leur donner une sorte de sous-titre général. J'y ai beaucoup pensé, à ce que j'appellerais mes heures de plus grande lucidité. Je n'ai rien trouvé de satisfaisant. Le mot « mémoires » a trop servi et suppose une certaine continuité dans le temps. Il en est de même du mot « souvenirs » qui évoque les cartes postales qu'on vend dans les gares et les aéroports.

« Mélanges » a quelque chose de trop philosophique pour moi. J'avais fini par m'arrêter à un titre général plus simple et sans exigences : « Mes dictées ».

La nuit dernière, alors que, si je ne dormais pas, je n'en étais pas moins quelque peu engourdi, un autre titre m'est venu à l'esprit, que j'ai eu de la peine à retrouver ce matin et qui, jusqu'à présent, m'apparaît comme le titre définitif : *Mon magnétophone et moi.*

Est-ce que l'euphorie que m'a donnée hier ma visite au petit vignoble y est pour quelque chose ? Et mon insomnie ? Je vais peut-être faire sourire mais je suis persuadé que, dans notre vie, tout se tient, surtout ce qui paraît n'avoir aucune importance. La vie n'est pas, comme au théâtre ou dans un film, une suite d'événements que ne relie qu'une action artificielle.

J'ai parlé tout à l'heure de la tiédeur des grains de blé. Aussi des coquelicots qui parsemaient les champs. Cela m'a rappelé des décors que je croyais avoir oubliés, des cousines en grands chapeaux de paille et en robes longues qui nous accompagnaient, aux environs immédiats de Liège, dans ce qui était pour nous la campagne.

C'était en plein été. Les grains de blé, en effet, étaient

33

arrivés à maturité, tendres, encore gorgés de soleil. Il n'y a pas jusqu'aux sons qui ne me soient pas revenus à l'esprit, pour ne pas dire aux oreilles : les chants des oiseaux, certes, mais aussi, régulièrement espacées, les explosions au tir communal tout proche.

Je savais que mon père s'y trouvait, car le tir était sa passion et maintenant encore j'utilise un couvert en argent frappé au sceau du royaume de Belgique. Il avait voulu en gagner suffisamment pour que chacun dans la famille possède son couvert.

Il a gagné aussi un prix plus important, une énorme montre en argent, le premier prix, avec son nom gravé et les écussons de toutes les provinces belges. J'ai un peu honte de l'avouer, une nuit, j'ai payé de cette montre les faveurs d'une admirable négresse.

Je ne l'ai pas raconté à mon père. J'ai laissé planer le doute sur la destination de cette montre mais, comme je connais mon père, il m'a deviné. La seule chose qui a dû l'étonner, c'est que j'aie choisi une négresse.

Enfin, je tiens mon titre, sous toutes réserves. Demain, Aitken m'apportera la dactylographie de ma onzième dictée. Je sais que je ne résisterai pas au désir d'en faire la toilette aussitôt. Comme mon douzième volume est loin d'être terminé, je vais vivre une époque comme j'en ai déjà vécu avec mon magnétophone. D'une part je revivrai des souvenirs vieux d'un an et d'autre part je continuerai à vivre aujourd'hui.

C'est une étrange sensation, pas du tout désagréable, au contraire. C'est un peu comme si le temps n'existe pas et, en effet, il n'existe pas.

Post-scriptum.

J'ai dit tout à l'heure que mes insomnies des deux dernières nuits venaient peut-être de la pleine lune. Cela n'aurait rien d'étonnant. Pendant toute mon enfance et mon adolescence, et même beaucoup après, j'ai été régulièrement somnambule dès que la lune était pleine.

Or cela m'est encore arrivé il y a deux nuits. Tout à coup, dans mon sommeil, j'ai secoué Teresa et je lui ai dit :

— Dépêche-toi. Il est temps de nous habiller et de partir.

Je me montrais, paraît-il, très impatient, comme si j'avais une tâche importante et urgente à remplir.

Cette persistance de somnambulisme, passé un certain âge, dont j'ai franchi depuis longtemps le cap, surprend les médecins. Elle ne m'étonne pas personnellement car j'ai souvent répété que je n'écrivais pas avec mon esprit mais avec mon subconscient.

Dimanche 10 avril 1977.

Dimanche de Pâques. J'ai été si occupé à revoir le onzième volume de mes dictées, *Au-delà de la porte-fenêtre* que je n'ai pas entendu les cloches. Voilà trois jours que je travaille à cette révision du matin au soir. Nous ne nous sommes pas promenés, car il neige et il fait très froid. Enfin, pendant ces trois jours je vivais à la fois Noël et Pâques, car mon onzième volume a été écrit au moment de Noël et y fait de larges allusions.

Je vais pouvoir, je l'espère, reprendre mes dictées à un rythme plus régulier, à condition que des rendez-vous m'en laissent le loisir.

J'ai rarement savouré comme ces jours-ci notre petite maison. Nous y étions seuls, Teresa et moi, et Teresa était joyeuse de faire enfin la cuisine et le ménage.

Demain, lundi de Pâques, sera à nouveau un jour pour nous deux. Quatre jours d'affilée, en somme, puisqu'en Suisse, on chôme le Vendredi Saint. C'est un bienfait des dieux.

Lundi 11 avril 1977.
Lundi de Pâques.

Ce matin, je me sens un peu en déséquilibre. Après trois jours passés, le derrière collé à ma chaise, à revoir un volume entier de dictées, je me trouve n'avoir rien à faire, ce qui me déroute.

Nous avons pu, cependant, nous offrir une petite promenade, car le temps s'est amélioré, mais les rues n'avaient pas leur aspect habituel et les clients de notre petit restaurant du coin n'étaient pas ceux des autres jours.

Au fond, et cela ne me vexe pas, je suis un maniaque, et je le deviens de plus en plus. L'emploi de mes journées change peu. Je peux dire d'avance ce que je ferai à telle ou telle heure et, à neuf heures et demie du soir, par exemple, même si je suis au milieu d'une phrase, je referme mon livre et vais me coucher. De sorte que le lendemain il me faut un bon moment avant de m'y retrouver dans l'action et surtout dans les noms des personnages.

Au fond, j'ai toujours été ainsi. Avec, de temps en temps, une escapade ou même un grand voyage.

Je ne voyage plus. Notre petite maison est devenue mon univers où je connais la place exacte de chaque chose et où chacun de mes mouvements est devenu un plaisir.

Je suis sensible aux fêtes carillonnées et aux dimanches. Je jurerais que ces jours-là le ciel n'a pas la même couleur, la brise le même goût. Mais il ne faut pas que cela dure trop longtemps. J'ignore pourquoi les Suisses ont fait du Vendredi Saint un jour férié légal. Toujours est-il que jusqu'à demain matin tout le monde est en congé et, quand j'ouvre la radio, c'est pour entendre parler de bouchons et d'accidents d'autos.

En somme, je suis tiraillé entre deux tendances contradictoires. D'une part, je savoure la solitude dont nous jouissons ces jours-ci, Teresa et moi. La révision que je viens de faire a été, j'en jurerais, la plus agréable de ma vie et, toutes portes ouvertes, je l'entendais aller et venir dans la cuisine, ce qui était exceptionnel car la cuisinière n'aime pas être dérangée. Je ne sais plus quel auteur, et j'ignore si ce n'est pas Jules Romains, divisait l'humanité en lapins de choux et en lapins de garenne. Malgré tous mes voyages et mes expériences, je finis par penser que je suis un lapin de choux.

L'idée me fait sourire, car je me vois derrière le taillis d'un clapier à grignoter à longueur de journées des carottes et des pissenlits.

Si l'on m'avait annoncé ça quand j'avais quinze ou vingt ans, je me serais révolté et j'aurais laissé éclater mon indignation. Je me prenais encore pour un lapin de garenne, sinon pour je ne sais quel fauve.

Comme quoi, chacun finit tôt ou tard par trouver sa vraie voie.

Vive les carottes, donc !

Jeudi 28 avril 1977.

Je ne sais pas quand j'ai enregistré ma dernière dictée, mais il me semble qu'il y a très longtemps et qu'elle m'a manqué. Comme toujours, les obligations se sont accumulées et j'ai dû m'occuper d'un tas de choses qui ne m'intéressent plus. Je le fais par devoir, en attendant toujours le moment où je pourrai enfin redevenir moi-même.

On n'a jamais parlé autant des vieillards que ces dernières années. On dirait que le reste de la population entretient vis-à-vis d'eux un complexe de culpabilité.

Je me souviens d'images qui figuraient dans les livres de mon enfance et d'un mot qui était souvent employé : les sages.

Cela pouvait être un groupe de vieillards fumant gravement leur pipe devant la hutte la plus importante ou cela pouvait être à peu près le même spectacle chez les Indiens d'Amérique. Enfin, dans des pays comme la France, existaient les sages de la politique, c'est-à-dire les sénateurs qui avaient tous passé un âge plus que certain.

Les journalistes qui viennent me voir ne manquent pas d'aller photographier ma maison d'Epalinges qui existe toujours, qui m'appartient toujours, mais qui est entièrement vide. Ils s'étonnent alors que je vive dans une maisonnette qui n'est pas beaucoup plus vaste que celle d'un garde-barrière.

Ils ne comprennent pas. Ils me demandent pourquoi j'ai quitté une maison que j'avais bâtie selon les plans les plus modernes. Ils se demandent par quelle aberration je me suis en quelque sorte réfugié dans une seule pièce.

Je leur réponds :

— Attendez. Après, il m'arrivera peut-être de vivre dans une hutte et je m'y sentirai parfaitement heureux.

Déjà ici, dans notre petite maison rose, j'ai retrouvé des plats tout simples, presque pauvres, de mon enfance, et je m'en délecte.

Il y a un mot que je considère comme entièrement inexact.

C'est « Retomber en enfance ».

Je retombe peut-être en enfance ou j'y retomberai un jour ou l'autre mais, au lieu de considérer cet événement comme une déchéance, je pense au contraire que c'est une promotion. Il existe d'ailleurs entre le vieillard et l'enfant un grand nombre d'affinités et, la plupart du temps, ils se comprennent, fût-ce par un échange de regards.

Où les choses se gâtent, c'est quand l'enfant dépasse l'adolescence et commence à vivre pour lui-même. Celui-là, et j'en ai la preuve autour de moi, n'a que mépris pour l'enfant qu'il a été. Le lycéen qui va passer son bac, considère tous ceux des petites classes comme des imbéciles et des nuisances.

Ils pensent à peu près de même de ceux qui ont dépassé la cinquantaine. On dirait qu'il n'y a qu'une petite tranche humaine qui vaille la peine de vivre.

Ai-je été ainsi moi-même ? C'est possible et même probable. Il y a eu des années peu nombreuses, il est vrai, pendant lesquelles je n'avais que condescendance pour le reste du monde.

Si cette période a été courte, habit le soir, chapeau claque, gants beurre frais, voitures prestigieuses, c'est peut-être à mes enfants que je le dois, justement. A mes enfants encore enfants. Je me souviens qu'il m'est arrivé souvent, lorsque l'on me demandait ma profession, de répondre :

— Père de famille.

Et, en effet, j'assistais quotidiennement à la formation d'un homme ou d'une fille. Et, à cinq ans, à dix ans, à quinze ans encore, mais guère plus tard, ils m'en apprenaient plus sur l'être humain que tous les manuels de psychologie.

J'ai été pendant de longues années ce qu'on appelle un gourmet et je faisais partie d'un certain nombre de clubs gastronomiques. Je voulais tout connaître de la cuisine ou plutôt des cuisines, car j'ai tâté, à travers le monde, des plats les plus inattendus.

Ma gourmandise, aujourd'hui, les jours que je veux fastes, est un plat que ma mère nous servait à peu près une fois par semaine : de la semoule aux raisins de Corinthe. Un mets bien simple, bien pauvre, dont je me suis encore délecté hier au soir. Il en est de même pour les soupes, pour les ragoûts, le bœuf à la mode, que malheureusement mon organisme ne supporte plus.

Retomber en enfance ? Ce n'est, pour le moment, qu'un commencement. Mais je ne désespère pas, si je vis assez vieux, de retrouver mes cinq ou mes dix ans d'une façon plus complète, quitte à ce que mes enfants et d'autres personnes, lorsque je me mets à parler, fassent tourner leur index sur le front en échangeant un clin d'œil complice comme pour dire :

— N'y faites pas attention. C'est un vieux « schnock ».

Car on a trouvé tout un vocabulaire pour désigner les gens d'un certain âge.

Cela me rappelle Pagnol, dans les derniers mois de sa vie, lançant soudain avant de s'endormir :

— Je suis un vieux con !

Je l'ai déjà raconté. Les vieillards n'ont-ils pas la manie de se répéter ?

Cela aussi fait partie de l'homme de plus de soixante-cinq ans tels qu'on l'imagine.

Il n'empêche que deux périodes de la vie se rejoignent et se ressemblent : l'enfance et la vieillesse.

Aujourd'hui, je continue comme je l'ai dit plus haut, à faire mon devoir, c'est-à-dire à répondre aux questions, à m'asseoir où le photographe me dit de m'asseoir et à me mettre debout au moment où on me demande de me lever, voire à allumer pipe sur pipe parce qu'il paraît que sans ma pipe je ne suis pas naturel.

On m'annonce un nouveau portrait télévisé pour un pays étranger. On me promet que les prises de vues et l'interview ne dureront que deux jours. Je commence à savoir ce qu'il en est.

Il en est de même des rendez-vous avec des éditeurs et des producteurs de cinéma. Je les laisse venir. Je les accueille avec toute l'amabilité dont je suis capable, mais j'ai l'impression que cela n'appartient pas au présent mais au passé, c'est-à-dire que cela ne m'intéresse pas. Je les écoute. Je leur réponds. Je discute leurs propositions, sans passion et sans intérêt.

A six ans, je jouais aux billes et j'y étais très fort, de sorte que je gagnais les billes de mes camarades presque à tous les coups.

Je ne cherche plus à gagner des billes. Je ne cherche plus non plus une victoire sur l'adversaire.

Je fais, sans trop grogner, ce que je dois faire.

Il fut un temps où je connaissais les pensées de mes enfants. Il est normal qu'ils se soient en quelque sorte installés à leur compte et que leurs pensées et leurs agissements ne me regardent plus. Ils sont adultes. Ils sont libres.

Je ne sais pas, sauf pour Marc, s'ils auront des enfants à leur tour mais leurs cheveux commencent déjà à se raréfier plus que les miens. Heureusement qu'ils sont très grands car la petite bedaine qui leur pousse est ainsi moins visible.

Dans un temps qui leur paraîtra très court mais qui,

44

d'avance, leur semble très long, ils seront des apprentis vieillards, avant de devenir des vieillards à part entière.

Alors, ils retomberont tout doucettement à leur enfance et ils demanderont à leur femme, s'ils en ont une, de leur mijoter les plats qu'ils appréciaient le plus quand ils étaient petits.

Mardi 3 mai, 9 heures du soir.

Il est rare que je me confie à cette heure-ci à mon brave magnétophone. C'est d'ailleurs inattendu pour moi-même.

Hier a été une journée merveilleuse, pleine de petites joies et de grandes joies. La nuit a été paisible et réconfortante. Ce matin, malgré l'absence du soleil, nous sommes allés en ville, Teresa et moi, et nous avons vraiment joué. Cela a été une des meilleures matinées que j'aie connues depuis longtemps. Je me suis acheté une pipe, ce qui, chez moi, est un peu comme de marquer mon chemin d'une pierre blanche.

Notre sieste a été paisible, réconfortante, sans histoire. A trois heures, j'ai fait descendre Aitken et je lui ai dicté des lettres assez délicates que j'attendais un moment de détente pour écrire. A cinq heures, j'avais terminé et, déjà en chapeau et en imperméable, je m'apprêtais à sortir pour une promenade quand on m'a apporté une lettre express.

Du coup, cela a été, après l'euphorie des deux derniers jours, une sorte d'effondrement.

Je n'en parlerai pas aujourd'hui, car l'événement est trop proche et j'ai besoin d'y réfléchir. Il en a été plusieurs fois ainsi au cours de mes dictées. J'ai toujours voulu être sincère et ne rien cacher. Ces dictées n'ont d'ailleurs d'autre but. Pourtant, il m'est arrivé souvent d'hésiter, de m'interroger, puis, en fin de compte, avec une certaine lâcheté, de ne pas aller jusqu'au bout de ma pensée.

C'est ce qui arrive aujourd'hui. Peur de peiner, peur aussi d'être mal interprété. Alors, assez souvent, j'ai gommé, et c'est pourquoi il y a tellement peu de noms propres dans mes dictées et que, quand ils y paraissent, c'est d'une façon anodine.

Ce soir, je voulais m'épancher sans retenue. Je ne m'en sens pas capable. Je n'ai pas l'âme d'un chirurgien qui garde son sang-froid durant l'opération la plus délicate.

Or, il me faudrait opérer. Pour moi, aussi bien que pour les autres.

Il y a des vérités qui ne sont jamais exprimées complètement et, à cause de cela, qui mûrissent, quand elles ne se transforment pas en maladies plus graves.

Cette lettre express, au moment où je m'élançais pour respirer l'air de la fin d'après-midi, m'a bouleversé et surtout m'a donné des scrupules.

Deux ou trois fois, en faisant la toilette de mes dictées sur le dactyl tapé par Aitken, il m'est arrivé de biffer des passages entiers et même une fois, si je ne me trompe, cinq ou six pages.

Aujourd'hui, je le regrette presque et c'est pourquoi j'hésite à entreprendre cette dictée qui n'est pas celle de ce soir mais qui sera probablement, si j'en ai le courage, une expression totale de la vérité.

Si, tous tant que nous sommes, avions le courage de parler en toute franchise aux gens avec qui nous sommes en rapport, même à ceux que nous aimons le mieux, ou avec qui des liens étroits nous unissent, bien des drames seraient évités.

Nous n'osons pas. Je n'irais pas jusqu'à prétendre que c'est par lâcheté ou par faiblesse. Le plus souvent, au contraire, c'est par pitié ou pour éviter de faire mal.

Cette peur de peiner m'a hanté toute ma vie. Je me rends compte aujourd'hui que, si elle m'a fait beaucoup de mal, elle en a fait peut-être autant à d'autres parce qu'elle les a renforcés dans l'assurance qu'ils avaient en eux-mêmes et dans la cruauté (ou la bêtise) de leur attitude.

Lorsque j'ai commencé ces dictées, et j'en suis à la douzième, je m'étais promis de tout dire. Je ne l'ai pas fait jusqu'ici. Je ne jurerais pas que je le ferai demain mais je tiens à rectifier des idées fausses qui se sont créées et, sinon à recréer une vérité complète, tout au moins à aller aussi loin que possible dans la sincérité.

Ce soir, je me retiens. Je risquerais de parler d'une façon trop passionnée. Deux ou trois jours me calmeront peut-être. Et alors, je pourrai enfin me délivrer.

Je pourrais, comme beaucoup de confrères illustres l'ont fait, remettre la publication de ces confidences à vingt ou à trente ans. Cela m'apparaîtrait comme une ruse grossière.

Ce que j'ai à dire, je tiens à le dire de mon vivant, quelles que soient les conséquences.

Il y a deux ou trois jours, je ne suis jamais bien fixé sur les dates et les jours de la semaine, j'ai éprouvé le besoin, à neuf heures et demie du soir, de dicter à mon magnétophone, ce qui ne m'était jamais arrivé, si je me souviens bien. Je ressentais à la fois une certaine amertume, qui n'est pas dans mon caractère, et une sorte de révolte qui l'est encore moins.

Je ne me souviens pas de ce que j'ai exactement dicté. Ce que je sais, c'est qu'il devait y avoir une suite, dans laquelle je m'épancherais complètement.

Quand j'ai commencé ces dictées, j'étais décidé à tout dire, non pas de tel ou tel cas particulier, non pas en citant des noms ou en racontant des anecdotes sur les gens que j'ai connus. Tout dire, c'était tout dire sur moi et sur mes rapports avec les miens.

Dans le premier volume, *Un homme comme un autre,* j'ai commencé par le faire et je me suis débarrassé de vérités qui me pesaient sur le cœur.

A la révision, j'ai supprimé des pages entières parce qu'elles risquaient de blesser.

Ma dictée de neuf heures et demie semblait promettre des révélations, à tout le moins une mise au point. Ce n'était pas de l'attaque. C'était de la défense.

J'y ai renoncé et peut-être l'album photographique que l'on

prépare y a-t-il été pour quelque chose. J'y ai découvert en effet des images du petit garçon que j'ai été, puis du plus grand garçon qui n'avait pas beaucoup changé et je me suis rendu compte que je ne me suis jamais débarrassé de certains caractères de mon enfance.

Je crois en avoir déjà parlé, mais je me rends compte cette fois, en me voyant à tous les âges, que mon enfance m'a marqué une fois pour toutes.

J'ai été un enfant sage et, à l'école des Frères des Ecoles chrétiennes, par exemple, j'étais le « chouchou » des professeurs et on me confiait la poire électrique qui d'heure en heure marquait, dans toutes les classes, le moment des prières. C'est moi aussi qui chargeais le poêle à charbon chaque fois que la température baissait et enfin je détenais la clé du robinet qui se trouvait dans la cour.

Je suppose que les Petits Frères pensaient :

— Avec Simenon, on peut être tranquilles.

A la maison, il en était de même. J'étais toujours prêt à écosser les petits pois, dans un coin de la cuisine, à retirer les fils des haricots verts et enfin à essuyer la vaisselle à une époque où on n'imaginait pas qu'un jour cette vaisselle se ferait automatiquement.

J'étais prêt aussi à aller faire un achat quelconque chez le boucher, l'épicier, voire le pâtissier.

Autrement dit, j'étais un enfant modèle. Aujourd'hui, je serais tenté de dire plutôt : un enfant bien dressé. Et ce dressage a laissé des traces ineffaçables.

J'ai beaucoup vécu. J'ai beaucoup vu. J'ai connu un nombre considérable de gens. J'étais plutôt exubérant et d'une gaieté assez bruyante. J'avais ce qu'on appelle des amis. Eux aussi me considéraient comme une « bonne pâte ».

Ce n'est pas tout à fait vrai. Je continuais la tradition du garçon docile et toujours empressé à servir.

Je me suis marié deux fois. Les deux expériences ont été des ratages mais je ne m'en suis jamais pris à mes épouses.

Sans doute n'ont-elles jamais été des enfants bien dressées (et je ne le leur reproche pas). Toujours est-il qu'elles n'ont pas les mêmes scrupules que moi, les mêmes faiblesses, les mêmes lâchetés. Elles ont plutôt tendance, non pas à se défendre car elles n'en ont pas besoin, mais à attaquer.

Elles ne s'en prennent pas seulement à moi, qui puis aisément le supporter, mais à mon entourage et à ceux qui me sont les plus chers, c'est-à-dire mes enfants.

Je m'aperçois que je suis en train de dire une partie de ce que je ne voulais pas dire. La vérité c'est que ceci concerne surtout la fameuse D. de *Quand j'étais vieux.* Pas plus qu'aux autres, je ne voulais lui faire de peine. J'écrivais chaque jour, dans mon coin, des pages d'un cahier que je n'avais aucune intention de publier.

D. guettait la sortie de mon bureau pour lire ce que je venais d'écrire, ce qui explique qu'il y ait une telle différence entre la vérité et certains de mes écrits.

C'était la fin d'un amour, un amour passionnel, et ce sont les plus dangereux qui existent.

Je pourrais continuer ainsi pendant des pages et des pages mais je ne le ferai pas. Pour ceux qui me lisent régulièrement, ces quelques notations suffiront sans doute à les éclairer.

Je voudrais encore être un petit garçon qui, dans la pénombre du confessionnal, avoue tout ce qu'il a à avouer.

En ce qui ne concerne que moi, je l'ai fait. Mais il y a une frontière invisible qui, je le répète, m'empêche de faire mal à autrui, même si « autrui » m'attaque de tous côtés.

Il n'y aura donc pas, à la suite de ma dictée de neuf heures et demie, de révélations sensationnelles. Ce n'est pas moi qui dévoilerai la vérité. Qui le fera ? Probablement personne et l'on risque de garder, même les enfants, une idée de moi qui leur aura été dictée mais qui n'aura aucun rapport avec la réalité.

Post-scriptum.

Je finirai par croire que nous sommes prisonniers de notre enfance. J'en prends un exemple plutôt amusant, qui tranche avec la mélancolie des précédentes pages : pendant plus de cinquante ans j'ai conduit, dans un peu tous les pays du monde aux règlements très stricts, des voitures rapides. Je n'ai jamais reçu de contravention, pas même pour un parking non autorisé. C'est l'héritage de l'enfant de chœur.

Même date, une heure après.

J'ai failli laisser passer un événement qui a pourtant plus d'importance que ce dont je viens de parler. Hier après-midi, je suis allé avec Pierre lui acheter sa première voiture. Il va avoir dix-huit ans dans une quinzaine de jours. A chacun de mes enfants, sauf Marie-Jo qui est très myope et encore plus distraite, j'ai acheté une petite auto au moment de leurs dix-huit ans.

Cela tient à ma conception de la liberté de l'enfant et de l'adolescent. Or, au temps où nous vivons, la liberté est commandée avant tout par l'espace. Ce n'est pas moi qui puis conduire Pierre, l'hiver, dans les champs de neige et ce n'est pas moi non plus qui irai partager sa vie dans les pays tropicaux pendant les grandes vacances.

Il est le dernier de mes enfants à jouir de cette sorte de liberté. Pour le moment, il vit encore dans notre petite maison rose où il a tout un étage pour lui seul et où je ne mets jamais les pieds, car il a le droit d'y recevoir qui il veut. Dans un peu plus d'un an, il va s'envoler à son tour, soit pour une université anglaise, soit pour une université américaine. Nous serons alors seuls, en tête à tête, avec Teresa et je ne le regrette pas. Notre intimité ne pourra que s'approfondir pour autant que ce soit possible.

Teresa, d'ailleurs, ne verra partir Pierre que le cœur gros.

J'ai eu quatre enfants. Ils disparaissent tour à tour mais nous restons dans un contact assez étroit.

L'auto des dix-huit ans est pour moi comme un symbole, comme pour d'autres la première communion solennelle ou le service militaire.

Je reviens avec Teresa de notre hôtel de Saint-Sulpice où nous allons, pour la troisième fois, passer les vacances. Je voulais d'abord confirmer les dates de notre séjour. Je voulais aussi, ce qui me semblait plus délicat, demander l'autorisation d'apporter mon fauteuil.

Ce n'est pas la première fois que j'ai cette envie. Cela n'est pas non plus une critique à l'égard des fauteuils d'hôtels, y compris les plus grands qu'on appelle les palaces. Mais, il y a plus de treize ans maintenant je me suis fait faire des fauteuils sur mesure et, par exemple, l'écartement des bras me permet de tenir un livre ou un journal sans fatigue.

Ce sera l'été. Il fera peut-être torride comme l'an dernier. Il pleuvra peut-être, ce qui ne me gêne pas du moment que je peux lire dans un fauteuil à ma mesure.

Hier, je suis monté à l'appartement de la tour pour essayer mes pantalons d'été. Je suis en effet à un âge où les mesures changent rapidement. J'ai été ahuri de pouvoir encore porter des pantalons de 1963.

Je n'ai donc rien à commander. Comme on le voit, je prends mes précautions. J'attache tellement d'importance à ces vacances à Saint-Sulpice où nous nous sentons comme isolés du monde, en tout cas de tout ce qui est déplaisant dans le monde, que je m'y prends longtemps d'avance.

La visite que nous venons de faire à notre petit hôtel nous a enchantés plus que jamais et, si j'étais un enfant, avant la Saint-Nicolas, pour les Nordiques et avant Noël pour les autres, je me mettrais à compter les jours.

Il y a un autre sujet dont je voudrais parler brièvement. Et d'abord une question : existe-t-il un dictionnaire des sigles ? Rien que ce mot-là me hérisse le poil. Mais ce dont je m'aperçois surtout, c'est qu'il est de plus en plus pénible de lire les journaux, d'écouter la radio ou de regarder la télévision.

On dirait que le langage conventionnel, qui dure pourtant depuis si longtemps, a fait place à des abréviations. Une banque ne s'appelle plus la Société de Banque Suisse, mais la S.B.S. Une autre s'appelle la C.B.S. Le parti communiste s'appelle le P.C., pas tout seul, d'ailleurs, mais conjointement avec un nombre de sociétés qui n'ont rien à voir avec lui.

Nous n'avons plus le courage, non seulement d'écrire les mots en entier, mais de les prononcer. J'avoue que le vieil homme que je suis ne s'y retrouve plus. Il existe une S.P.A. qui est la Société protectrice des animaux, mais il existe vingt sociétés au moins qui ont le même sigle. Quant aux sociétés commerciales ou financières, elles prolifèrent tellement qu'il faut relire parfois tout l'article pour savoir de laquelle il est question. Je ne sais pas si c'est de la paresse.

Si oui, c'est mettre l'effort sur le dos du lecteur et cela ne me paraît pas une bonne publicité. S.A. peut aussi bien dire Altesse Royale que Société Anonyme (ce qui n'est pas tellement faux étant donné les relations entre les quelques rois ou reines encore existants). Je pourrais remplir des pages ou plutôt des bobines avec toutes ces abréviations qui ont des significations différentes. Quant aux partis politiques, ils en ont leur compte.

Il paraît que ça s'appelle des sigles. On en est à trois ou quatre lettres, quelquefois cinq. Quand en arriverons-nous à une seule lettre. On dira : a ou w et chacun sera censé savoir ce que cela signifie. Je ne me considère pas nécessairement comme un retardé mental mais la lecture des journaux m'est devenue une fatigue. Il m'arrive de me demander s'il s'agit d'une société anonyme, d'une secte religieuse, d'un nouveau procédé pour récurer les casseroles.

Les Français sont très chatouilleux sur la question de la langue. Or, c'est dans leurs journaux que je trouve le plus grand nombre de sigles, ce qui paraît incompatible avec ce qu'ils appellent la francophonie.

Je me demande de plus en plus fréquemment si je suis devenu à mon insu ce que les jeunes appellent un « vieux schnock ». Il m'arrive de trouver qu'ils ont raison.

Malgré nous, nous sommes influencés par l'imagerie populaire, par les religions, et même par les tableaux les plus prestigieux du Louvre ou des autres musées. On voit l'enfant potelé et souriant, les bras tendus vers un personnage qu'on n'aperçoit pas mais qui est son père ou sa mère.

On le voit ensuite, vêtu de satin ou de velours, faisant ses premiers pas dans un parc ou donnant à manger à des paons ou d'autres animaux dits nobles. Il y a ensuite ce que j'appellerais la première adolescence, car l'adolescence commençait beaucoup plus tôt jadis qu'aujourd'hui. A treize ans, à quatorze ans, le futur homme était déjà un jeune chevalier et à seize ans, il lui arrivait, s'il était de grande famille, d'être colonel.

Les héros de la Révolution française m'ont toujours étonné par leur jeune âge, tout comme les maréchaux de Napoléon.

Aujourd'hui qu'il existe l'instruction obligatoire, que nous reste-t-il de ces images d'Epinal ? Y compris du grand-père au coin du feu, entouré de sa famille respectueuse.

Je ne voudrais pour rien au monde revenir en arrière. J'abhorre les images que je viens d'évoquer. Je suis pour la liberté de chaque génération et chaque génération a besoin de libertés différentes de la précédente.

Pour ma part, élevé selon les règles encore victoriennes, je ne suis pas parvenu, à soixante-quatorze ans, à m'en débarrasser complètement, ou plutôt à me débarrasser de la haine que cette éducation m'inspirait. Je me suis juré alors que, quand j'aurais des enfants à mon tour, ils n'auraient à subir aucune contrainte.

Je l'ai fait par quatre fois, trois fois avec des garçons, dont l'aîné a aujourd'hui trente-huit ans, et dont le plus jeune en a dix-huit, une fois avec une fille que je rêvais d'habiller en broderie anglaise et qui aujourd'hui, à vingt-quatre ans, ne porte plus guère que des blue-jeans.

Ceci n'est pas un reproche vis-à-vis de tel ou tel d'entre eux. Je n'ai à me plaindre de rien. Ils ont mené leur enfance et leur adolescence avec beaucoup de courage et de simplicité, ce qui n'est pas facile dans la maison où ils ont été élevés, qui comportait un téléphone à chaque chevet, une salle de bains individuelle pour chacun et deux chauffeurs toujours à leur disposition.

Qui est à morigéner, sinon moi? Cela faisait partie de l'existence que j'étais obligé de mener jusqu'au jour où j'ai coupé net.

Vais-je en vouloir à mes enfants d'avoir pris certaines habitudes, alors que c'est moi qui les leur ai données? Il leur faudra deux fois plus d'efforts qu'aux autres pour conquérir leur indépendance totale et, si cela devait arriver, pour affronter l'adversité.

Ce n'était pas mon propos quand j'ai commencé cette dictée. Il m'arrive souvent de dévier ainsi en cours de route. Ce que je voulais, c'était me plaindre naïvement que mes enfants, que j'ai tenus dans mes bras les jambes gigotantes, ne se confient pas à moi en toute franchise.

Mais d'abord quelle serait alors la différence entre les générations? On en reviendrait au vieux Labiche où le fils de médecin était automatiquement médecin, le fils d'ingénieur un ingénieur, le fils de rentier un rentier. Et il y avait un grand nombre de ceux-ci à l'époque où le pouvoir, en France, conseillait : « Gagnez de l'argent ».

Et l'argent était du vrai argent. On achetait de la rente, comme on disait alors, c'est-à-dire qu'on plaçait ses fonds à trois pour cent mais qui étaient garantis par l'Etat.

Vais-je demander à mes enfants d'adopter cette mentalité que j'ai vomie et qui, à leur âge, m'indignait ? Au fond, tout ce que je pourrais leur reprocher, ce serait de ne plus être comme eux et par le fait de ressentir les atteintes de l'âge.

Ils croient dans tout ce qu'on leur affirme aujourd'hui, surtout dans la publicité et les bandes dessinées pour ne pas parler de la télévision. N'y aurais-je pas cru, moi aussi, si cela avait existé de mon temps ?

C'est tout juste si je n'ai pas arboré des complets de velours et, à l'âge de trois ans, je portais encore une petite jupe et des cheveux bouclés me tombant sur le dos.

J'avoue que j'ai certaines fois, une certaine peine à les comprendre, et surtout à ne pas jouir de leur part d'une confiance entière. C'est eux qui ont raison. Si l'on devait, par devoir filial, adopter les idées et les manies des parents, jeunes ou vieux, la société humaine se figerait dans l'immobilisme.

Dimanche 8 mai 1977.

Que de minutes ne faut-il pas pour faire un an. Pourtant, la vie nous paraît courte en regard de nos appétits.

Il a fallu que j'atteigne mon soixante-dixième anniversaire pour me rendre compte qu'il existait des vieillards. J'en apercevais bien dans la rue. Je savais donc qu'ils existaient. Mais, pour moi, comme pour tant d'autres sans doute, ils faisaient partie d'une humanité à part qu'on n'essayait pas de comprendre et qu'on regardait avec une indulgence distraite.

Le jour de mon soixante-dixième anniversaire, je me suis aperçu brusquement que j'étais devenu moi-même un vieillard, ce à quoi je n'avais jamais pensé. A soixante ans, à soixante-cinq, je ruais encore comme un cheval de course. Et puis, tout à coup, une date. J'ai été surpris de ne jamais avoir observé les regards et les gestes des vrais vieillards, moi qui ai passé ma vie à essayer de comprendre l'homme.

Je ne me sentais plus la force d'écrire des romans. Je l'ai déjà dit. C'est épuisant de se mettre dans la peau des autres. J'ai acheté un magnétophone et j'ai dicté, dicté, probablement pour ne pas me sentir inutile et livré à mes phantasmes.

Voilà maintenant quatre ans que cela dure. Je ne suis plus un jeune, mais un vieillard authentique. Et je commence à comprendre le secret, une certaine mélancolie, qu'il y avait dans les yeux de ceux que je rencontrais jadis. En somme, on

65

vient de vivre la plus longue partie de sa vie et sans doute la plus importante. Il y a donc un passé très long et, malheureusement, un avenir très court pour celui qui a gardé la joie et la faim de vivre.

Il ne s'agit pas de vivre pour vivre. S'il en était ainsi, je serais prêt à partir de demain. Il s'agit de ceux que l'on aime et qu'on a gros au cœur de quitter. On voudrait pouvoir les suivre ensuite en pensées, mais il se fait que je ne crois pas aux religions. Je ne crois pas non plus aux fantômes et je ne viendrai donc pas me plaindre ou donner des conseils.

J'ai envie d'employer un mot qui paraîtra peut-être littéraire : il y a un moment, chez tous les êtres humains qui ont dépassé un certain âge où, à leur insu, souvent par petites touches, ils revoient ce que j'appelle le panorama de leur existence.

Je ne m'en doutais pas à soixante-deux ans et demi. J'en ai été convaincu à soixante-dix ans. Dans mon enfance il existait (et il existe encore) un guide culinaire intitulé : « Les Recettes de Tante Marie » avec un sous-titre : « et l'art d'accommoder les restes ».

C'est d'ailleurs selon les recettes de ce livre, et surtout sa seconde partie, que j'ai été élevé.

Eh bien, je me rends compte que je fais désormais partie du deuxième sujet de ce livre.

Les vieillards ne sont pas nécessairement grincheux comme la littérature populaire nous l'apprend. Ils ne sont pas non plus tristes, ou hargneux.

Bien qu'assez nouveau dans le métier, je commence à savoir à quoi ils pensent, ce que le regard reflète, et pourquoi ils ont tendance à se taire.

Je crois, mais je ne suis pas sûr, d'avoir parlé déjà de mon petit cinéma.

Il suffit que je m'étende et que je ferme les yeux pour revivre tel ou tel événement, voire telle ou telle époque. J'en suis rarement fier. Certes, il y a des souvenirs savoureux, presque toujours des souvenirs de la nature, de tel arbre, de telle descente de fleuve ou de rivière en canoë, de tel séjour dans une hutte du Haut-Uélé, au cœur de l'Afrique.

J'ai eu trop chaud ici, trop froid là-bas lorsque je parcourais la Laponie en traîneau à rennes. De tout ça, il reste des images fugitives et il en est beaucoup qui m'émeuvent encore.

Par contre, quand je me suis laissé aller, à Paris, à mener une existence mondaine et à être presque tous les soirs en habit, je ne trouve qu'une sorte de blanc sans signification.

Hier, le hasard a voulu que nous ouvrions une boîte que je n'avais plus ouverte depuis des années. J'ai regardé d'un air presque honteux une perle au plastron d'habit, les boutons de manchettes, les uns pour l'habit, les autres pour le smoking, les autres enfin... il y avait de tout, comme un vieux bouquet fané. Je me suis demandé — et c'est pour cela que tout à l'heure je parlais de panorama — comment j'avais pu me laisser aller à cette vie artificielle qui ne m'apportait rien et qui, si cela n'avait été mes romans, n'aurait laissé qu'un grand vide en moi.

Il est vrai qu'il m'a fallu attendre longtemps, dévorer n'importe quelle nourriture que m'apportait la vie, pour connaître la paix et le bonheur.

Je me souviens du plus grand hôtelier américain, que je voyais dans le cabaret ultra-chic de son hôtel principal, danser des nuits durant. Il avait plus de quatre-vingts ans. Il continuait à créer des hôtels partout de par le monde.

C'était un de ceux, et ils sont plus nombreux qu'on ne pense, qui n'acceptent pas de vieillir. Etait-ce vraiment une joie profonde pour lui de danser jusqu'à cinq heures du matin avec une de ses propres entraîneuses ?

Pour être sincère, je dirais que c'était plutôt la peur de la mort. Il avait envie de la défier, de prolonger à l'infini ce que j'appelais tout à l'heure le panorama de sa vie.

Il n'avait pas acquis la paix de l'âme. Car la paix de l'âme et le bonheur ont leurs défauts eux aussi. On a commencé sa vie à compter par années d'école, puis par les succès ou les insuccès de sa profession. On a compté aussi ses conquêtes féminines, sans se rendre compte que leur souvenir nous coulait entre les doigts sans laisser de traces, comme l'eau dans les seaux.

Heureux, apaisé, on se remet à compter en sens inverse. On ne dit plus :

— A tel âge je ferai telle ou telle chose.

On se marie. On fait des enfants. On achète une maison payable par mensualités pendant vingt ans sans savoir ce que l'on sera vingt ans plus tard.

J'ai compris, enfin, le regard des vieillards. Ils ne comptent plus en vingtaines d'années, même s'ils doivent devenir centenaires presque à leur insu ; ils ont appris que l'on compte au mieux en années, puis insensiblement en mois, en jours, enfin en heures.

Notre mémoire nous offre une compensation que j'appelais mon petit cinéma. On dirait que la nature a voulu effacer les moments pénibles et qu'elle fait défiler notre vie devant nos yeux sous la forme d'images d'Epinal.

Comme quoi, tout est bien qui finit bien.

Hier, il pleuvait à torrents et Teresa en a profité pour nettoyer toutes mes pipes, ce qui est une de ses occupations préférées. Il est vrai qu'assis face à face, rien ne nous empêche de bavarder et elle a été surprise, au milieu de l'après-midi, de s'apercevoir que je parlais depuis une heure et demie. Il est rare que je sois si bavard.

J'ai apprécié, moi aussi, à sa juste valeur, cet après-midi.

Aujourd'hui le mois de mai nous offre un soleil glorieux, des fleurs partout, des lilas en abondance qui ont pris le relais des crocus jaunes et des violettes. Quant aux pâquerettes, les pelouses en sont couvertes.

Je ne résiste pas, cependant, à aborder un sujet moins gai qui revient un peu trop souvent dans mes dictées. Je n'y peux rien. Et ces dictées n'auraient plus de sens si je n'y mettais toute ma franchise.

Cela se traduit parfois par de tout petits détails qui peuvent paraître incongrus. Ce matin, par exemple, nous sommes allés chez mon bottier. C'était, un mois et demi à l'avance, afin de commander des chaussures blanches pour nos vacances d'été car j'ai la manie, l'été, de porter des chaussures et des chapeaux blancs.

Pourquoi ai-je eu un bref serrement de cœur ? Parce que je me suis dit :

— Ce sont probablement les dernières.

Je ne suis pas superstitieux. Je ne suis ni un voyant ni un médium et cela m'ahurit toujours de voir les journaux les plus sérieux publier des prévisions sur les événements du jour ou de la semaine, prévisions tirées, prétend-on, de la position des astres.

Je n'y crois pas, je le répète. Mais, depuis de très longues années, je me suis aperçu, malgré une vie tumultueuse, qu'un certain instinct, venu je ne sais d'où, m'avertit de ce qui m'arrivera dans un plus ou moins proche avenir.

Cela a commencé, je crois, lors de mes premiers contacts avec les hommes. Quand je dis hommes, il s'agit des femmes aussi, bien entendu.

Lorsqu'on me présentait un inconnu ou une inconnue, alors que je n'avais pas la trentaine ni la moindre connaissance médicale, je cherchais malgré moi le point faible de mon interlocuteur ou de mon interlocutrice.

Pas pour en profiter. Pas non plus pour juger. Je n'ai jamais jugé personne. Mais parce que je considérais d'instinct que l'être humain dépendait autant d'un de ces petits organes dont on ne retient même pas le nom, que de sa volonté et de ce qu'on appelle l'intelligence.

J'ai raconté, je pense, que le professeur Leriche, quand on nous a mis en présence, à sa demande, m'a déclaré :

— D'habitude, je ne lis pas de romans. Je lis les vôtres parce que vos personnages sont médicalement exacts et que je passe mon temps, dès les premières pages, à essayer d'établir mon diagnostic.

C'était instinctif chez moi. Cela l'est encore et quand un journaliste me quitte après une interview, c'est beaucoup plus moi qui l'ai interviewé que lui.

Une chose identique s'est passée en ce qui concerne ma carrière littéraire. Lorsque André Gide, tout comme Leriche, a demandé à un ami commun de nous réunir, Gide m'a posé un grand nombre de questions auxquelles je ne savais que répondre, car c'étaient des questions que je ne m'étais jamais posées à moi-même. Il m'a dit fort gentiment :

— Rentrez tranquillement chez vous et faites-moi le plaisir de jeter sur le papier, sans souci de la forme, tout ce que vous venez de me dire.

Je l'ai fait. Sans une rature, sans brouillon, car je n'ai jamais fait de brouillon, et avec une entière sincérité. Cette lettre qui a plusieurs pages, et que j'écrivais au fil de la plume, on peut la retrouver aujourd'hui dans le livre que Lacassin et Sigaux m'ont consacré ainsi que dans un certain nombre de traductions.

Pendant de longues années je l'ai crue perdue, car je n'en avais, bien entendu, pas gardé copie et je l'avais écrite à la main. Il y a relativement peu de temps que je l'ai eue à nouveau sous les yeux et je me suis rendu compte que tout le plan de ma production littéraire était déjà détaillé et que, ces pages qui n'étaient pas nécessairement des pages d'espoir, reflètent aujourd'hui exactement ce qu'on appelle ma « carrière ».

Il m'arrive, sans culture médicale, de dire de telle personne que je rencontre pour la première fois :

— Elle aura un jour des troubles mentaux.

Ou des troubles de l'estomac ou de n'importe quel organe.

Encore une fois, je ne suis ni voyant, ni plus intelligent qu'un autre, au contraire. C'est ma façon la plus directe de faire la connaissance d'un autre être humain.

J'en arrive au moment désagréable. Avec l'âge, l'idée de la mort a cessé d'être abstraite et lointaine. J'ai mordu à la vie à pleines dents et je n'ai aucun instinct philosophique ou religieux. Il m'est arrivé de dire en haussant les épaules, parfois entre deux bouteilles de champagne :

— On naît, on vit le plus vieux possible et un beau jour on disparaît.

Cela n'avait dans mon esprit aucune résonance amère. J'allais ajouter :

— Au contraire.

Il n'en est plus de même aujourd'hui et je demande pardon à Teresa de dicter cela devant elle, mais je ne veux rien cacher de ce qui se passe en moi.

Pourquoi, à soixante-quatorze ans, me suis-je mis en tête que les soixante-quinze ans que je m'étais promis lorsque j'ai atteint ma soixante-dixième année, pourquoi, dis-je, cette idée en l'air, venue Dieu sait d'où, m'apparaît-elle maintenant comme une sorte de prémonition ?

J'ai l'impression, cette année, de vivre pour la dernière fois chaque saison, chaque geste, de me réjouir pour la dernière fois de chaque joie.

Il y a deux ans encore, ou trois ou quatre, je n'en sais plus rien, je ne me préoccupais pas de mon départ.

Certains jours, maintenant, il me semble que je suis en train de faire mes valises, comme s'il y avait besoin de valises pour aller nulle part.

Il est vrai qu'une déjà longue vie m'a au moins appris quelque chose : c'est que jamais rien n'est définitif dans nos humeurs et dans nos pensées. La preuve, c'est que ce matin, par un clair soleil, je suis allé me commander des chaussures blanches que j'ai l'habitude de porter l'été et que, dans le même esprit, j'ai demandé à Aitken de me commander douze bobines pour mon magnétophone.

Pourquoi ce souvenir me revient-il tout à coup après tant d'années et sans raison apparente ? Je n'en sais rien. Cela fait partie, sans doute, de mon petit cinéma.

Il y a plus de cinquante ans, je faisais mon premier tour d'Afrique. Je n'y étais pas entré par Matadi, qui était la voie normale avant que les avions prennent la relève et vous déposent où vous voulez, au point qu'on peut s'offrir aujourd'hui un safari de trois ou de cinq jours comme un séjour à Deauville ou ailleurs.

J'étais parti de Marseille, puis, en avion, du Caire à Assouan, puis un autre avion, un monomoteur, m'avait conduit à ce qui était alors le Congo belge, et la province s'appelait le Haut-Uélé.

C'est là que j'ai rencontré non sans mal les Pygmées. C'est là aussi que j'ai trouvé des herbes de plus de deux mètres de haut, si rigides qu'elles coupaient comme des couteaux, pour ne pas dire des rasoirs.

Cela a d'ailleurs été la grande surprise d'une compagnie de cinéma américaine qui avait mis en train un film à grand spectacle. On leur avait dit que le pays était couvert de brousse. Ça ne les a pas surpris ni effrayés, eux qui connaissent la brousse aussi, mais malheureusement pas la même brousse.

Une des scènes principales consistait en la poursuite d'une jeune héroïne blanche par des indigènes et même, si je me souviens bien, par des animaux sauvages.

La compagnie avait bien fait les choses. Il y avait plusieurs roulottes de grand luxe à air conditionné. Mais il y avait aussi cette sacrée brousse à travers laquelle il était impossible de se faufiler.

L'esprit pratique des Américains a tout de suite trouvé la riposte à cette attaque de la nature. Pendant des jours et des jours, voire des semaines, on a arraché une herbe sur dix à peu près de façon à créer un passage tout en laissant l'impression de la nature sauvage.

Ceci n'est pas la méthode que je voulais exposer en commençant. A cent ou deux cents kilomètres de là, à travers des étendues aussi peu hospitalières, de huttes faites de branchages, on se trouvait soudain en pleine immensité primitive, devant une petite ville ou, si l'on préfère, un gros village qui s'appelait et qui s'appelle peut-être encore Watsa. Les maisons étaient parfois en « dur » et faisaient très modernes parmi les paillotes. Elles avaient à peu près toutes une sorte de véranda comme on en voit dans les films américains du Sud et, sous chaque véranda, une femme à peu près nue cousant à la machine.

J'étais arrivé aux mines de Watsa, découvertes un certain nombre d'années plus tôt par un ingénieur belge. Etait-ce une mine de fer, de cuivre, ou je ne sais quoi, je ne m'en souviens plus.

Watsa comportait même un hôpital rudimentaire. Comme tout hôpital, il employait des infirmiers qui étaient des indigènes. Ils avaient suivi fort peu de cours et ce qu'ils savaient, c'est la pratique acquise.

Une des plus belles filles du pays était syphilitique et c'était connu de tous. Il est vrai que des médecins français devaient me dire par la suite que quatre-vingts pour cent des noirs, à cette époque, étaient atteints de ce mal et qu'ils ne souffraient

74

pas des accidents secondaires. Lorsque je trouvai, un soir, mon infirmier en conversation plus que galante avec la négresse à la syphilis, je m'étonnai et lui demandai :

— Tu ne sais donc pas ce que tu risques ?

Lui, qui faisait des douzaines de piqûres par jour, de me répondre candidement :

— Tu n'as plus d'aiguilles, blanc ?

Ce qui, d'ailleurs, n'est pas si naïf que ça.

A Watsa toujours, je devais rencontrer un autre phénomène. C'était un Français. Il avait découvert les mines de Watsa ou tout au moins, comme il était ingénieur, les avait mises en exploitation. Il était vieux, sec comme un hareng, mais non seulement il gardait toute sa lucidité, mais aussi son activité.

Il y avait à cette époque-là trente ans qu'il n'avait pas mis les pieds en Europe et qu'il refusait de quitter les alentours de sa ville. Il était devenu très riche. Pourtant, il habitait lui aussi une sorte de paillote autour de laquelle se dressaient d'autres paillotes qui étaient celles de ce qu'on pourrait appeler son harem.

Il était marié à une Française ou à une Anglaise, je ne sais plus, mais il y avait trente ans aussi qu'il n'avait pas revu sa femme. Cela ne l'empêchait pas de lui envoyer assez d'argent pour vivre à l'hôtel Ritz de Paris, au Savoy de Londres, à Monte-Carlo, couverte de bijoux et ne se préoccupant pas plus de son mari que celui-ci se préoccupait d'elle.

Sa fortune, il s'en moquait. Sa vie était à Watsa où il n'y avait pas plus de trois ou quatre blancs. Ces petites négresses n'étaient pas jalouses entre elles. Il possédait une vieille voiture mais il y avait très peu de routes et il devait souvent, pour aller d'un point à l'autre, se faire porter en palanquin.

En somme, dans le pays qu'il avait choisi et qui devait faire sa fortune, il était une sorte de roitelet, parfaitement heureux, sans le désir d'un autre genre de vie.

Que lui importaient le Ritz, le Savoy, Monte-Carlo, New

York, etc. Puisque cela faisait plaisir à sa femme et que ça lui procurait la paix, il n'hésitait pas à lui envoyer tout l'argent et les diamants qu'elle voulait. Elle devait avoir ses gigolos aussi, mais qu'est-ce que cela pouvait lui faire alors qu'il disposait des plus belles indigènes du pays qui n'étaient pas encore devenues de vieilles femmes avides et ridées, mais qui, comme c'est la coutume dans le pays, avaient douze ou treize ans ?

J'ignore ce qu'il est devenu, mais je crois qu'il a su choisir sa part la plus belle de l'existence.

Jadis, cette attitude n'était pas si rare et portait un nom : s'encanaquer.

Heureux ceux qui ont eu l'instinct et le courage de s'encanaquer.

Mercredi 11 mai 1977.

Ce qui a été un de mes plus grands étonnements à mesure que j'avançais en âge, et je parle presque depuis ma naissance, c'est que la vie du monde comme de l'individu ne suit pas une ligne droite, montante ou descendante, mais qu'elle aurait plutôt tendance à se schématiser en zigzags.

Nous croyons faire une découverte et nous apprenons que cette découverte avait déjà été faite des centaines quand ce ne sont pas des milliers d'années avant Jésus-Christ. Nous parlons du bruit, et aucune ville n'était plus bruyante que Rome. Il en est de même pour les encombrements quand les voyages se faisaient dans des carrosses tirés par les chevaux. Nous parlons de criminalité. L'occupant d'un de ces carrosses était obligé d'avoir des cavaliers des deux côtés de son véhicule pour le défendre en cas de besoin.

Si je ne me trompe, c'est monsieur de Sartines qui s'est préoccupé le premier d'assurer une très relative sécurité aux Parisiens en créant le guet.

Autrement, c'était à chacun de se défendre, et c'est pourquoi les seigneurs, petits ou grands, ne circulaient que l'épée au côté.

Cela n'a pas tellement changé. Ils n'ont plus les spadassins qui tuaient pour eux, mais nous avons aujourd'hui des tueurs professionnels, et il en coûte souvent très bon marché de se débarrasser d'un concurrent.

Il a fallu créer des banques, certaines d'une importance internationale et très respectable, mais il n'y a pas de semaine que nous ne voyions ici ou ailleurs une banque s'effondrer en laissant ses clients dans la misère.

On leur intente des procès. Par le jeu des frontières, des différences de législation entre les pays, les banquiers véreux finissent toujours par s'en tirer.

Quelques-uns, mais ils sont rares, préfèrent, au moment de la catastrophe, se tirer une balle dans la tête, ce qui n'arrange absolument rien pour le petit épargnant et même pour le gros.

Je viens, ce matin, de faire une expérience. J'ai acheté un des appareils miracle comme on en invente tous les ans. C'était dans une maison sérieuse, ayant pignon sur rue. Sa clientèle se raréfie de plus en plus parce que pullulent maintenant les établissements « discount », qui vendent leur marchandise vingt ou trente pour cent moins cher.

Les gogos s'y précipitent. On ne leur dit pas qu'il n'y aura aucun service après-vente, ni aucune garantie. Je sais, pour certaines marques, que des appareils, identiques aux autres en apparence, sont des appareils fabriqués spécialement pour ces magasins « discount ». Le profit a toujours existé. Le plus gros profit possible.

Esaü n'a-t-il pas, dans la Bible, vendu son droit d'aînesse pour un plat de lentilles ? Il avait faim.

Les gens continuent à avoir faim, surtout faim d'argent. C'est à qui entassera le plus vite possible la plus grosse fortune et c'est aussi le cas des hommes en place, qu'on a tendance à considérer comme sacro-saints et qui sont les plus enragés.

Quant aux petits, aux innocents, on fait tout pour les tenter. Je ne parle pas seulement des faux soldes, ou des professions plus ou moins bidon qu'on leur propose et où ils finissent toujours par être perdants.

Je parle aussi de ces annonces qui emplissent les pages de journaux. Il y en a de deux sortes. En premier lieu celles des prêts. N'importe qui ou à peu près peut obtenir d'une banque ou d'une officine spéciale des prêts importants et parfois l'annonce ajoute :

— Il ne vous sera pas posé de questions.

Même les gouvernements s'en mêlent. On vous promet du 10, du 12, quand ce n'est pas du 20 pour cent de votre petit capital.

Ce n'est pas nouveau. Au Moyen Age, on déclenchait une guerre sanglante et impitoyable en promettant aux paysans que l'on poussait en avant des terres nouvelles et gratuites.

Du temps des rois et de l'aristocratie, aucun mariage ne se faisait sans de longues discussions financières et la plupart de ce qui nous reste de soi-disant grands seigneurs ont payé de leur complaisance des châteaux qui existent encore.

La semaine dernière, un grand quotidien parisien populaire a étalé toutes les idées d'un duc à ce sujet. Son pedigree remonte d'après lui, au xiiie siècle. Il disait innocemment :

— Si ça n'était pas par les mariages avec des filles de grands marchands, il n'y aurait pas de ducs. Ni de noblesse.

Ce duc-là, d'ailleurs, va probablement passer en correctionnelle ou en tout cas le mériterait sans doute.

Un autre duc, car il y a plus de quarante ducs en France, s'est fait abattre en pleine rue dans un règlement de comptes qui ressemble fort à un règlement de comptes entre truands.

Au fond, l'évolution se fait en effet en zigzags. Mais ce sont toujours les mêmes qui gagnent la partie, établissent des fortunes et accèdent à la dignité.

Les grands restent les grands, ceux qui n'ont pas de scrupules. Les petits, qui croient naïvement à la morale qu'on leur enseigne, restent toute leur vie des petits.

Réflexion faite, je m'étonne qu'avec l'instruction obligatoire, l'universalité du commerce et ses possibilités, il n'existe pas aujourd'hui plus de ducs que sous Louis XIV. Ils existent certes, mais sous d'autres appellations et en d'autres temps, par exemple, un Stavisky ou un Sindonia aurait été au moins duc, sinon prince.

Et si, demain ou après-demain, il ne devait plus y avoir que des ducs... ou des escrocs.

Jeudi 12 mai 1977.

J'ai une grande joie aujourd'hui, celle de recevoir ceux que je me permets d'appeler mes beaux-parents et ma belle-sœur, car je considère que ma vraie femme est Teresa, et tout ce qui me met en contact avec sa famille m'enchante. C'est une famille que j'envie d'ailleurs, car c'est encore une famille j'allais dire à l'ancienne. Ils se réunissent les dimanches après-midi comme on se réunissait les dimanches matin chez mon grand-père, rue Puits-en-Sock. Il a toujours existé entre les treize frères et sœurs, des liens étroits et affectueux. J'en ai parlé souvent. Eh bien c'est dans ce que j'ai envie d'appeler ma belle-famille que je retrouve cette atmosphère-là et que parfois j'ai le cœur serré.

Chaque année, on assiste au même phénomène, on pourrait dire presque à la même date. Les arbres, soudain, sont noirs et comme morts. Puis, vers janvier, si on les observe de près, on découvre de minuscules points sombres qui deviendront des bourgeons. Insensiblement c'est le printemps qui s'approche. Des fleurs commencent à se montrer dans les prés et dans les jardins.

C'est en même temps une période qui, dans nos climats, est très agitée. Un jour il fait froid. Le lendemain, on supporte à peine son veston.

Vient l'été et le même drame recommence. On dirait que la nature ne veut pas se transformer ou a de la peine à le faire.

Aux deux bouts de l'année, si je puis dire, au printemps et à l'automne, c'est chaque fois une naissance différente avec coups de tonnerre, inondations, tempêtes.

Si j'ai pensé à ça ce matin c'est que je me suis souvenu des années que j'ai vécues. J'ai encore connu, enfant, une éducation qu'on pourrait appeler victorienne, avec ses pieux faux-semblants, sa morale rigide et, en réalité, d'une cruauté non pareille.

Cette période a duré longtemps. Ceux qui envisageaient un changement étaient honnis, sinon considérés comme des criminels.

Puis il y a eu, comme pour les arbres au début de février, les petites taches noires sur les branches. Rares étaient ceux qui considéraient ces petites taches comme la promesse du feuillage vert et de la nature en pleine expansion.

J'ai eu le temps, grâce à mon âge, d'assister aux étapes, souvent très espacées, de ce renouveau.

L'avons-nous atteint ? On pourrait poser la même question depuis que le monde est monde. La terre est une grosse boule, l'univers composé de milliards de mondes. Pour répondre à la question que je viens de poser, il faudrait les connaître.

Toujours est-il que si on étudie l'Histoire, on ne tarde pas à constater que des progrès constants se sont produits dans le sort de l'homme et dans son individualité.

Dans cinquante ans, dans cent ans, ceux qui tiendront peut-être un journal comme celui que je tiens aujourd'hui, seront effrayés en constatant que nous étions des barbares

De siècle en siècle, ce mot-là a eu d'autres significations encore que l'homme ait l'air de si peu changer.

Certaines époques, comme le printemps, semblent plus favorables à l'évolution que d'autres, comme si nous essayions de nous mettre au rythme de la nature.

Parfois, comme en ce qui concerne l'époque victorienne, l'attente de renouveau paraît interminable. Il a dû en être de même de tout temps.

Après un certain nombre d'années, qui peuvent aller jusqu'à un siècle et plus, le monde vit dans une sorte d'immobilité et les règles, comme dictées une fois pour toutes, paraissent immuables.

C'est ce qu'on appelle la morale et ces moments de mue, après avoir couvé longtemps sous la cendre, éclatent plus ou moins brusquement.

Autrefois, cela se passait différemment dans les diverses régions du monde. Depuis peu, nous voyons la morale changer où que ce soit. Bien sûr, il y a encore des résistants.

Bien sûr aussi les lois restent ce qu'elles étaient, ou à peu près, sous Napoléon.

Dans la pratique et dans l'esprit de la masse, on n'en mélange pas moins les relents d'hier, les tentatives d'aujourd'hui, avant de connaître l'éclatement des bourgeons.

Je ne le verrai pas mais je sais qu'il est proche et que, comme les oiseaux dans mon jardin, les hommes pourront voleter à gauche et à droite et pépier en toute liberté. A moins que, comme chaque automne nous apporte subrepticement l'hiver, nous soyons, nous aussi, condamnés à nous précipiter en avant et à retrouver inéluctablement au bout de chacun de nos efforts le monde tel que, écœurés, nous l'avons combattu.

Deux pas en avant. Trois pas en arrière. C'est une figure de danse. Mais d'une danse qui n'exprime pas la gaieté.

Dimanche 15 mai 1977.

Encore un dimanche radieux et nous revenons de promenade dans une lumière éblouissante. De ces dimanches-là, nous en avons connus beaucoup et nous les savourons. C'est le jour en effet où nous sommes seuls, Teresa et moi, dans la maison, à moins que mon fils Pierre soit encore au lit au premier étage. Mais nous n'y montons presque jamais. Il se lèvera quand il voudra et il y a des chances pour que son goût et ses habitudes le poussent à préparer lui-même son déjeuner.

Ces dimanches-là, comme celui que nous vivons aujourd'hui, engendrent parfois une certaine tristesse de ma part. Les militaires et les aviateurs parlent beaucoup de compte à rebours. C'est un peu à un compte à rebours que je me livre malgré moi. Combien de ces dimanches merveilleux m'attendent encore ? Personne ne peut y répondre.

Or, toute ma vie, j'ai eu un appétit de vivre presque féroce. Je me souviens par exemple qu'encore très jeune, et même très très jeune, je me sentais parfois déprimé, en tout cas nostalgique, au souvenir de l'année précédente.

Celle-ci m'apparaissait invariablement comme supérieure en joie de vivre à l'année actuelle.

Or, les joies et les peines avaient été les mêmes ces deux années-là. Cela tient-il à ce que notre mémoire gomme automatiquement les moments plus ou moins pénibles ? C'est possible. Ce serait d'ailleurs une bénédiction de la nature qui polit nos moindres souvenirs en ne nous en laissant que le meilleur.

Par exemple, j'allais passer en général, à l'âge de dix ou douze ans, trois semaines à un mois de vacances à Embourg, qui était pour moi la campagne et représentait la nature et la liberté, alors que l'endroit où nous prenions pension était à un kilomètre du dernier arrêt de tramway.

Déjà, il m'arrivait de penser :

— Ces vacances-ci ont été moins savoureuses que celles de l'an dernier.

Pourquoi ? Les heures du jour s'étaient suivies dans un même ordre, chacune apportant des plaisirs quasi immuables.

Et pourtant, aujourd'hui, après tant d'années, certaines vacances me restent dans la mémoire avec plus de saveur que d'autres.

Je n'étais pas inquiet, je n'avais aucun problème sinon des petits problèmes d'enfant, comme la mort d'un canari pour lequel j'ai bâti une tombe très compliquée sur le talus.

Maintenant que je ne suis plus un petit garçon, mais un vieillard, il m'arrive encore d'avoir la nostalgie de l'année précédente.

Le soleil a beau n'avoir rien perdu de son éclat, la verdure de sa gaieté, les fleurs de leurs couleurs, j'ai toujours envie de penser :

— Mais c'était mieux l'an dernier.

Je suis idiot de me poser la question. Il est évident que, comme tout le monde, je vieillis d'un an tous les trois cent soixante-cinq jours, que comme tous ceux qui ont dépassé un certain âge j'ai tendance à me trouver moins d'ardeur, mais pas moins d'enthousiasme. Je dirais même que l'enthousiasme ne cesse de croître non seulement d'année en année, mais de mois en mois.

Je serais tenté de dire que cette nostalgie de l'année

précédente n'a rien à voir avec l'âge, puisque, à dix ans, à onze ans, alors que je n'étais qu'un petit garçon pour ainsi dire sans passé, j'étais affecté à mon insu par le temps qui s'écoulait.

Comme tous les enfants, j'avais certes l'envie de grandir et de devenir le plus vite possible un homme. En même temps, bien que ce soit paradoxal, j'aurais voulu que le temps s'arrête et que je continue, telle qu'elle était au moment même, ma petite existence.

Beaucoup de poètes, je pense, ont parlé en termes plus harmonieux du temps qui passe, mais je n'ai jamais été très touché par la poésie.

— Est-ce que, obscurément, ce sentiment du temps qui passe est lié à celui de la mort qui est au bout ?

Je le pense de plus en plus. Et plus je suis heureux, comme je le suis depuis longtemps et comme je le suis encore, plus une petite ombre, qui n'a d'ailleurs rien de grave, vient, non pas gâcher les joies présentes, mais me chuchoter une sorte d'avertissement.

Je voudrais que cela dure toujours, quitte à devenir gâteux.

Dans mes moments de dépression, qui sont rares et même rarissimes, je me dis qu'on veut me voler ma vie.

Et moi, en dépit de toute logique, je m'obstine et je m'obstinerai jusqu'au bout à la conserver.

Jeudi de l'Ascension 1977.

Ce matin en me levant, j'ai cru qu'il s'agirait d'une Ascension maussade, tout au moins de la part du ciel. Nous venons d'aller faire notre promenade, Teresa et moi, et quand nous sommes rentrés il y avait du soleil dans notre jardin. Il est encore un peu pâlot mais prometteur.

Hier, la nature était éblouissante. J'ai porté pour la première fois cette année les souliers blancs et le chapeau de soie blanche que j'ai adoptés pour l'été. J'ai beaucoup marché, montant et descendant au gré des rues en pente de Lausanne, et mes jambes ne m'ont pas fait souffrir, pas plus que mes pieds.

Je m'excuse de ces détails triviaux mais j'ai annoncé à l'avance que je n'étais qu'un petit homme. Or, ces considérations ont une grande part dans la vie de l'homme de tous les jours.

Chaque fois que je commence une dictée, je me demande de quoi je vais parler et j'hésite. En effet, dans un certain sens, j'ai une très mauvaise mémoire. Par exemple, je ne me souviens pas de ce que j'ai écrit, pas même de la plupart de mes romans. Depuis quatre ans maintenant que je dicte, en ne me relisant qu'une seule fois pour supprimer les bavures trop flagrantes, je serais incapable de dresser la liste des sujets que j'ai traités.

Les puristes ont soin de faire le compte de mes répétitions. Cela m'est complètement indifférent.

Mon petit sujet d'aujourd'hui a des chances d'être, lui aussi, une réminiscence, car il s'agit d'une question qui m'a été posée tant de fois par les professionnels que j'ignore s'il m'est arrivé d'y répondre.

La question me paraît d'ailleurs assez naïve et j'essaierai d'y répondre avec une égale naïveté.

— Quel effet cela vous fait-il, Monsieur Simenon, d'être un homme célèbre ?

Ce mot célèbre n'est pas sans m'irriter car il rappelle trop des gens comme Mireille Mathieu, Johnny Halliday et, de plus en plus, grâce à la publicité, toute jeune fille qui a trouvé un « manager » et tous les petits minets qui nous servent la romance à la télévision d'une façon telle que j'avoue ne pas les reconnaître l'un de l'autre.

Pour parler plus sérieusement, j'avouerai que cette célébrité dont on parle à mon sujet ne m'inspire qu'un plaisir mitigé, pour ne pas dire un certain découragement. C'est exact que je reçois des lettres du monde entier, y compris de médecins illustres et d'enfants de douze ans. Je serais en peine de dire lesquelles me touchent le plus.

Mon courrier gonfle d'une façon inquiétante car j'ai pris pour règle de répondre à toutes les lettres. Je pense en dictant ces lignes à de bons amis, disparus aujourd'hui, qui se sont pliés à des règles humiliantes pour entrer à l'Académie française, quand ils n'ont pas préparé leur élection vingt ans à l'avance.

Mon vieil ami Maurice Garçon, qui était un homme extrêmement intelligent mais qui avait en plus un sens aigu de l'humour, me confiait un soir :

— Il n'y a plus qu'une chose qu'on puisse offrir aux vieillards : ce sont des médailles et des honneurs.

Il a fini, lui aussi, à l'Académie française.

Un autre de mes amis, le professeur Pautrier, un des plus

grands dermatologues français, me rappelait, lui, la fable latine ou grecque, je l'ai oublié, où l'âne qui devait traverser une rivière y coulait à pic parce qu'il était trop chargé de médailles.

Etre célèbre, c'est quoi ? D'abord, et c'est le premier signe, c'est servir de pâture quasi quotidienne aux journalistes. Ils prennent d'ailleurs, pour certains d'entre eux, une attitude hautaine comme si, en interrompant pour quelques heures ou pour quelques jours nos activités normales, ils nous rendaient un grand service.

Rien que pendant le mois de juin, j'ai quatre émissions de télévision, allemande, italienne, viennoise et canadienne. Cela veut dire qu'avant mon départ en vacances, je n'aurai pas un moment à moi, que je vais devoir poser dans mon petit jardin, m'asseoir dans le fauteuil qui a déjà été reproduit tant de fois. Je n'ajoute pas répéter les mêmes mots, mais presque, docilement, au signal du metteur en scène.

Si encore, je n'étais qu'un figurant. Quoique, comme figurant, je me souviens de longues interviews télévisées à Epalinges où on me faisait changer deux ou trois fois de costume pendant la journée.

Ce qui compte, ce sont les questions. Il s'agit que l'interview soit sensationnelle coûte que coûte, ou alors plus ou moins équivoque.

En dehors des chanteurs et chanteuses dont je ne connais que par hasard trois ou quatre noms, la célébrité, c'est la vieillesse. On avance en grade comme dans l'armée, au fil des années, on prend du galon. On reçoit de multiples décorations et, il faut bien le dire, un accueil plus empressé dans les consulats et les administrations.

Je fais partie de deux Académies, y compris l'Académie américaine. L'Université de Liège a créé un « Centre d'Etudes Georges Simenon » auquel j'ai fait don de tous mes livres et manuscrits, de tous mes dossiers y compris de ma correspondance. Les thèses sur mon œuvre se multiplient un peu partout dans le monde à un point que je n'ai pas le loisir de les lire.

Pour reprendre un mot que, paraît-il, je répète souvent et sur lequel Teresa me taquine, je dis souvent :

— A quoi bon ?

Tout cela ne me donne ni plus ni moins de confiance en moi. J'aurais plutôt tendance, étant donné ceux qui tiennent, dans ma profession, les postes clés, à en être humilié.

On parle souvent de l'âge ingrat. Les uns le situent à tel âge, ou à tel autre, je finis par croire que le véritable âge ingrat se situe dans la vieillesse.

On n'a plus beaucoup d'illusions si on en garde encore. On n'est plus tenu de lutter soit pour sa matérielle, soit pour sa carrière. On a appris à se méfier de toutes les opinions et de toutes les gloires.

Je ne parle pas pour moi, car je n'ai rien de glorieux. Je ne suis qu'un vieil homme dans sa petite maison, dans son jardin, mais qui a la chance unique d'avoir trouvé, il y a bien longtemps déjà, sa Teresa.

Faute de quoi, il ne serait plus.

Je reste pourtant fidèle à la vie, et plus désireux que jamais de vivre encore longtemps. Mais ce ne seront ni des médailles, ni les hommages officiels qui me donneront quelques années de plus à regarder, comme je le fais actuellement de ma porte-fenêtre, les feuilles ensoleillées se balancer doucement sous la brise.

Même jour.
Dix minutes plus tard.

Je voudrais ne pas terminer cette dictée par des phrases qui peuvent sembler pessimistes. Ce que j'aimerais, en réalité, c'est être capable d'écrire un poème que je dédierais à Teresa. Elle m'en veut un peu, je le sais, chaque fois que je parle d'elle. Elle préférerait rester dans la coulisse.

C'est impossible. Combien sont les couples qui vivent ensemble vingt-quatre heures sur vingt-quatre, et qui en arrivent à n'avoir presque plus besoin de parler parce qu'ils sont en communication directe de cœur à cœur, de cerveau à cerveau.

J'ai mené une vie assez tumultueuse, ce que ne m'a pas empêché de beaucoup travailler. Aujourd'hui, je suis devenu ce que les jeunes appellent un vieux jeton mais cela ne m'humilie pas, j'allais dire au contraire, car, grâce à Teresa, c'est enfin l'apaisement.

Je me moquais de la mort. Je n'en avais pas peur. Je l'ai affrontée souvent, y compris dans des conditions ridicules.

Maintenant, et pas à cause de mon âge ni de croyances quelconques, la mort a tendance à m'effrayer, justement parce que j'ai trop à perdre. Je voudrais que la vie reste très longtemps la même, jusqu'à épuisement, même si je dois passer un certain nombre d'années dans une petite voiture.

A condition qu'elle soit, à côté de moi, bien sûr.

Cela aurait été plus beau sous forme de poème. Mais cela serait venu davantage de mon esprit que de ce que nous appelons le cœur et de mon être tout entier.

Même jour.
Quatre heures de l'après-midi.

Nous rentrons de promenade et, comme d'habitude, et comme il doit en être partout, nous avons rencontré des grappes de motocyclistes ou de vélomoteurs, vêtus à peu près tous de blue-jeans et de blousons. Ils m'ont fait penser aux journaux que je lis chaque jour et je crois que pour la paix de mon esprit je ferais mieux d'éviter désormais de les lire. Il est difficile en effet de trouver un numéro où on ne parle pas avec une réprobation violente, sinon indignée, des « jeunes voyous » à croire que certains, après les avoir faits, voudraient les voir pendre tous.

Il existe dans la langue française des mots qui sont certes au dictionnaire mais que je n'aime pas voir employer. Après le mot « voyou », vient le mot « crapule » et, dans le sexe opposé on en trouve une kyrielle, dont les moindres sont « prostituée » et « putain ».

J'ai une horreur quasi congénitale pour ces jugements plus que sommaires et injurieux. J'ai parlé récemment du petit garçon modèle que j'ai été, digne élève de l'Ecole des Frères.

Pourtant, quelques années plus tard à peine, je me conduisais en authentique voyou. Je ne crois pas m'être vanté depuis de cette histoire, dont j'ai gardé un souvenir très détaillé.

Il existe à Liège une certaine rue qui porte le nom sans

97

doute prédestiné de rue Capitaine, et où toutes les maisons étaient jadis calquées sur celle du quartier spécial d'Amsterdam. Un rectangle discrètement lumineux, un rideau entrouvert et une femme en chemise occupée à ravauder des chaussettes ou un pull-over.

Lorsqu'il y avait un client à l'intérieur, il n'était pas besoin, comme dans les hôtels, de la mention « Ne pas déranger ». Tout simplement le rideau se fermait et personne n'avait l'idée d'insister.

Un soir, nous avions bu quelques verres de bière anglaise, un de mes amis et moi. Nous sommes entrés dans le corridor d'une de ces maisons et, comme on ne nous ouvrait pas, car le rideau était fermé, nous nous sommes mis tous les deux à pisser contre la porte.

Nous ne savions pas que nous étions plus ou moins surveillés. Un malabar, en effet, est sorti de la cuisine et s'est dirigé vers nous d'un air menaçant. Inutile d'ajouter que nous nous sommes enfuis à toutes jambes.

C'était un jour d'hiver. La lune éclairait une Meuse argentée et le pont des Arches tout proche.

Mais nous n'étions pas là pour contempler le paysage. Le quartier était désert, car nos libations nous avaient conduits assez tard dans la nuit. Nous ne pensions qu'à courir, qu'à mettre le plus d'espace possible entre le malabar et nous. Surtout que, dans notre imagination, il ne devait pas être seul.

Sans doute, quand l'idée saugrenue nous était venue de pisser contre la porte, dans le corridor, étaient-ils tranquillement en train de jouer aux cartes entre amis dans la cuisine.

De là à imaginer une chasse à l'homme, il n'y avait qu'un pas. J'avais seize ans. C'était mon premier vrai contact avec ce qu'on appelle « la pègre ».

La femme sur la porte de qui nous avions pissé était presque une copine, car les jours de dèche, c'était à elle que je venais demander moyennant cinq francs d'assouvir mes ardeurs. Elle était gentille, bien élevée, comme aurait dit ma mère, et toujours d'un accueil charmant.

Pourquoi diable aller uriner sur sa porte ?

L'histoire n'a pas duré que quelques minutes. Nous étions tellement persuadés, mon ami et moi, que nous étions poursuivis et que les « gens du milieu » allaient se mettre tous ensemble pour se venger, que nous avons entrepris une course folle à travers les rues tantôt éclairées tantôt obscures, passant d'un pont à l'autre, prenant à peine le temps de respirer. Les pas des gens les plus innocents qui rentraient chez eux nous apparaissaient aussi menaçants que s'ils avaient été des défis.

Je ne portais pas de blue-jeans ni de blouson, mais mes vêtements de l'époque n'étaient pas beaucoup plus prestigieux. Si la police nous avait mis la main au collet, on aurait parlé, bien entendu, de « jeunes voyous ». Ou plutôt non. Le vocabulaire a changé. On s'est habitué petit à petit à un langage plus cru. En ce temps-là on aurait probablement écrit « deux jeunes délinquants » à condition que nous n'ayons pas été deux étudiants car aux étudiants, futurs médecins, avocats, magistrats, voire gouverneurs de la province, tout était permis. Dans le langage de l'époque, cela s'appelait « jeter sa gourme ».

Ce qui consistait aussi bien à transporter à un kilomètre les chaises et les tables des terrasses de cafés qu'à casser les ampoules des réverbères.

Cela se passait à jours fixes. Le samedi soir, les étudiants avaient le champ libre, pouvaient pénétrer en bande dans un bordel comme il en existait encore, casser le piano, se servir à boire sans payer, et personne n'avait l'idée de leur demander des explications.

Je connais de graves pères de famille qui ont débuté ainsi avant de devenir procureurs du roi et de requérir les peines les plus sévères contre une marchande des quatre-saisons qui n'avait pas ses papiers en règle ou qui stationnait avec sa petite charrette de fruits et de légumes, du mauvais côté de la rue.

C'était un monde à part et personne n'a jamais employé le mot « voyou » à leur égard. Aujourd'hui, on les appelle plutôt « cher Maître ».

Quant à celles que l'on traite maintenant de prostituées ou de putains, c'étaient pour la plupart des jeunes femmes comme on en trouve dans tous les bars, prêtes à l'aventure, moyennant rétribution si possible.

Le langage évolue et les mots que, jadis, on n'osait prononcer qu'à mi-voix, s'étalent aujourd'hui en première page des journaux.

Les gens qui ont tué, pour n'importe quelle raison, deviennent « d'abominables assassins » et l'on parle de « pervers » comme s'il s'agissait d'une race humaine distincte des autres. Tous, tant que nous sommes, ne sommes que des hommes, avec leurs qualités et leurs défauts, leurs héroïsmes et leurs vices.

Cette soirée à la bière forte m'a en tout cas donné une leçon : je n'ai plus jamais pissé dans le corridor d'une brave fille alors que j'avais profité au moins dix fois de ses faveurs.

Vendredi 20 mai 1977.

Mes dictées d'hier ont fait resurgir, au moment où j'entrais en sommeil, des images de mon enfance que je croyais avoir oubliées.

A cette époque-là, il n'existait en Belgique que deux universités : celle de Louvain, la plus ancienne, qui a composé et édité la fameuse Bible de Louvain, et l'université de Liège.

Bien que plus ou moins bilingue, Louvain était considérée comme une université flamande, tandis que Liège était l'université wallonne, c'est-à-dire de langue française.

Ces deux universités se détestaient, aussi bien les professeurs que les étudiants. Ceux-ci, à l'époque (j'ignore s'il en est encore ainsi) portaient une casquette verte pour les uns, rouge pour les autres.

Périodiquement, les gars de Louvain venaient faire une expédition à Liège, quand ce n'étaient pas les Liégeois qui partaient, comme un corps d'armée, vers la petite ville de Louvain.

Dans un cas comme dans l'autre, tous étaient armés, non pas d'armes percutantes comme aujourd'hui, mais d'énormes gourdins qui auraient suffi à étourdir un sanglier.

Cela se passait le dimanche, heureusement, quand les rues

d'une ville comme d'une autre étaient à peu près vides. D'ailleurs on se passait le mot :

— Ils arrivent.

Et les gens prudents restaient enfermés chez eux.

Comme dans les guerres, ça commençait par des escarmouches, par des cris injurieux ou de défi. La police et la gendarmerie s'efforçaient de rester en marge et d'interdire certaines rues. Néanmoins, un moment arrivait où les gourdins entraient en action et où les têtes commençaient à enfler.

J'ai assisté maintes fois à ces rencontres malgré les précautions que mes parents prenaient pour, par de longs détours, éviter le champ de bataille.

On parle aujourd'hui de bandes rivales, de groupuscules qui s'attaquent à d'autres groupuscules. Dans les années du XIXe siècle, longtemps encore, ces batailles rangées faisaient pour ainsi dire partie du folklore.

Je me plaignais hier qu'on parle de voyous. Ceux-là étaient des voyous de bonne famille qui, lorsqu'ils n'étaient pas en expédition, étaient les plus charmants garçons du monde et souvent des étudiants de premier ordre. Ce que j'essaie de dire, c'est qu'il y a toujours eu, chez l'homme, le besoin de se mesurer avec d'autres hommes, à tel point que depuis que nous connaissons un peu mieux l'histoire de l'humanité, c'est-à-dire depuis plusieurs milliers de siècles, il n'y a pas eu une seule année sans guerre dans une région ou dans une autre.

S'agit-il d'un complexe d'infériorité ? Je l'ignore et préfère l'ignorer.

Toujours est-il que quand je vois de demi-vieillards ou des vieillards très dignes s'acharner à établir la paix dans le monde, je ne peux pas m'empêcher de rester sceptique.

Nous sommes des individus agressifs ou résignés. Même les résignés ont leurs explosions de colère.

Jadis, on pouvait se battre férocement dans tel coin d'Afrique, d'Asie, ou d'Amérique du Sud sans que l'Européen moyen en sache quelque chose. Aujourd'hui, il suffit de tourner le bouton de la télévision ou de la radio pour assister « de visu » à ces explosions de cruauté qui vont trop souvent jusqu'au supplice organisé.

Dès notre naissance, on s'efforce de faire de nous de futurs enfants de chœur. Même les enfants de chœur et parfois surtout les enfants de chœur peuvent soudain devenir enragés. Qui définira exactement la nature humaine ? C'est peut-être parce que personne n'y est arrivé jusqu'aujourd'hui qu'il existe tant de partis politiques et par conséquent de conflits.

Pour ma part, en tout cas, je ne crois pas aux voyous ; je crois qu'il n'existe que des hommes.

Une nouvelle, dans un magazine américain récent, m'a frappé car il s'agit d'un sujet auquel je n'avais jamais pensé et qui aura peut-être d'énormes conséquences dans la vie.

Un père américain, que sa femme avait quitté avec son enfant, ne l'a pas poursuivie pour la tuer, mais s'est adressé aux tribunaux.

Ce qui nous vaut, ce qui risque d'aller loin, c'est son argumentation. Il réclame en effet, comme s'il s'agissait d'un pré ou d'une boutique, ses droits à la « copropriété ». Son argument ne manque pas de valeur juridique et je ne sais comment les juges de Washington s'en tireront.

D'où, à l'origine, est venu l'enfant : d'un spermatozoïde du père. La femme l'a porté en effet, l'a mené à terme, mais peut-on prétendre qu'elle soit l'unique propriétaire de celui-ci, et le rôle du père, si agréable soit-il, n'a-t-il pas autant importance que celui de la mère ?

C'est la première fois que j'entends parler de la copropriété quand il s'agit d'un être humain. Je crains bien que l'idée fasse son chemin, comme au temps des esclaves, où les propriétaires du Sud possédaient souvent des esclaves en copropriété.

Samedi 21 mai 1977.

Ce matin, pour la première fois depuis les quatre ans environ que je me confie à mon magnétophone, je crois bien que c'est la première fois que j'emploie ce mot-là.

Comme les autres jours, après que Teresa s'était levée, j'étais dans une demi-conscience. Je me sentais si fatigué que je me demandais si je ne passerais pas la journée au lit. L'idée d'un effort, que ce soit intellectuel ou physique, me paraissait, sinon impossible, tout au moins trop pénible.

Cela a duré environ trois quarts d'heure, jusqu'à ce que Teresa m'apporte mon petit déjeuner. Etais-je malade ? Ne l'étais-je pas ?

Je ne me posais pas la question en termes dramatiques. Simplement j'étais en proie à une énorme lassitude.

Dans mes rares moments de lucidité, je me demandais pourquoi. Je n'ai aucun souci particulier, aucun problème, sinon ceux que connaissent tous les êtres qui ont des enfants.

Je ne me connais aucune maladie grave.

Je me souviens que je me suis posé une question :

— Est-ce notre moral qui nous abat ou notre moral flanche-t-il parce qu'un milliard ou plus des organes dont nous sommes composés se dressent tout à coup contre nous ?

Toujours est-il que j'ai fini par me lever, après avoir pris ma température. Elle était ridiculement basse : trente-six, un et demi, alors que j'aurais juré que j'étais fiévreux.

Le chiffre de mon pouls semblait exclure aussi toute fièvre : soixante-deux.

J'ai bu mon café sans en ressentir le plaisir quotidien. Je me suis rasé, j'ai pris ma douche, je me suis habillé sans me sentir plus fringant.

C'est alors que je me suis offert deux verres de vin léger, non pas pour le goût du vin mais parce que c'est une expérience que j'avais déjà faite avec l'approbation de mes médecins. Un quart d'heure après, mon pouls était à soixante-douze, donc normal, et ma température était remontée à trente-six six.

Je viens de me promener comme chaque matin au bras de Teresa. Nous n'avons pas beaucoup parlé. Je me sentais toujours faiblard et comme barbouillé.

A vrai dire, cette défaillance ne m'a pas fait peur. Elle m'a plutôt mis dans un état, sinon d'indifférence, à tout le moins de résignation.

Je comprends mieux maintenant le vague sourire qui flottait sur les lèvres minces de ma mère pendant ses derniers jours et ses dernières heures.

Il fait un beau soleil. La température est si douce que depuis deux jours je porte mes chaussures blanches et mon chapeau blanc.

D'où est venue ma tristesse de ce matin ? Aucun des rêves que j'ai pu faire ne me l'explique. Notre maison rose m'apparaît plus que jamais comme un havre de paix et de bonheur.

Au fond, en dictant ces lignes, je cherche, pour les autres autant que pour moi, le mécanisme de nos humeurs.

J'ai dit tout à l'heure que nous étions des machines compliquées, faites en grande partie de rouages minuscules qui dépendent tous les uns des autres. Cela me fait penser aux réalisations mécaniques dont nous sommes si fiers, qu'il s'agisse d'un sous-marin atomique, d'un avion supersonique, de n'importe quel instrument que nous considérons comme une découverte capitale.

Or, chaque fois qu'un de ces appareils, quel qu'il soit, se trouve en difficulté au point de provoquer des catastrophes spectaculaires, les plus grands spécialistes se mettent au travail pour en découvrir la cause.

Certaines de ces enquêtes sur des catastrophes qui ont fait des milliers de morts sont encore en cours après cinq ans et les experts les plus qualifiés ne se sont pas encore mis d'accord.

Leurs conclusions, dans ce cas, reviennent alors comme un refrain :

— Défaillance humaine.

C'est à peu près la réponse que font les médecins devant des cas qui les troublent. Défaillance humaine, qu'est-ce que cela veut dire ? Cela veut dire, justement, à mon avis, tout ce que nous ne connaissons pas de l'homme, aussi bien dans sa matérialité que dans son psychisme.

Au fond, nous sommes de grands orgueilleux. Parce que nous pouvons, à grands frais, avec des appareils monstrueux, circuler dans les airs, parce que quelques bobos ont été guéris et le sont encore, bien qu'ils aient tendance, au bout d'un certain temps, à ressurgir, nous nous sommes mis à croire en la supériorité de notre intelligence.

Je discutais hier avec un compagnon de bistrot, qui a des origines terriennes, de météorologie. Un grand nombre d'instruments d'observation, lancés très haut dans le ciel, est censé, en observant les mers de nuages, prévoir le temps qu'il fera sur tel ou tel coin de la planète à telle échéance.

Tout cet appareillage coûteux n'a pas empêché les catastrophes, au contraire. La radio est occupée une bonne partie de la journée et de la nuit à nous annoncer le temps du lendemain. Moins pour favoriser les semailles ou les récoltes que pour donner des conseils aux automobilistes.

C'est si vrai qu'il y a aujourd'hui des brigades de gendarmerie de l'air qui, à bord des hélicoptères, surveillent les routes afin d'annoncer d'heure en heure les « bouchons ».

Tout ce que je viens de dire paraîtra assez vain et d'un intellectualisme primaire.

Chaque année, comme dans beaucoup de pays, paraît en Suisse un almanach dont j'ai oublié le nom. Tout ceux qui vivent de la terre le consultent dès sa parution.

Or, les prévisions de cet almanach sont souvent plus justes que celles des techniciens. Pourquoi ? Parce que les paysans observent les animaux, leur comportement, l'état des arbres ou même des humbles herbes et savent que tout dépend d'un tout et qu'il faut des circonstances exceptionnelles pour faire mentir ces signes. Je n'en regarde qu'avec plus de tendresse le feuillage de mon jardin et les attitudes de nos oiseaux.

Ma mauvaise humeur de ce matin a disparu. Je regarde ma porte-fenêtre avec reconnaissance. C'est elle, comme le solide équilibre de Teresa, qui m'ont guéri bien mieux que les monuments sacro-saints des pharmacies d'aujourd'hui.

Quelques minutes plus tard.

Teresa, qui m'a écouté dicter comme d'habitude, vient me chuchoter très humblement :

— Vois-tu, il ne faut pas que l'homme se connaisse.

Il naît. Il meurt. Il est remplacé par d'autres. Quoi qu'il invente, il ne sera jamais qu'une infime partie de la nature et la partie n'a jamais connu le tout.

Dimanche 22 mai 1977.

Encore un dimanche ensoleillé, encore notre première promenade dans la joie. C'est notre conversation sans doute, à Teresa et à moi, qui m'a fait penser à mes origines, dont je me suis rarement préoccupé.

Déjà avant la guerre, je recevais des propositions de jeunes généalogistes patentés qui me proposaient d'entreprendre des recherches, sur les racines de ma famille, tant paternelle que maternelle. Je n'y ai jamais donné suite. Or, je viens de recevoir en une semaine, coup sur coup, des généalogies désintéressées et je les ai parcourues.

Je ne dirai pas que je les ai lues entièrement. En effet, dès 1650, je ne trouve à peu près que des noms flamands, hollandais ou allemands et sur la photocopie qui a été prise, quand c'était possible et que les bâtiments n'avaient pas été incendiés, l'écriture est fatigante à déchiffrer.

Je m'étais demandé pourquoi, né à Liège, ayant foulé dès mon enfance le pavé d'une assez grande ville, je m'étais bientôt échappé, pour Paris d'abord, où ma profession me retenait une partie de l'année, mais la partie la moins importante. J'avais deux passions : la campagne et la mer.

Mon tour de France à bord du *Ginette,* par les canaux et les rivières a été la première manifestation de ce goût-là. Ensuite est venu ce que je pourrais appeler l'étape de l'*Ostrogoth,* un côtre de dix mètres en chêne massif, à bord duquel je me suis élancé vers les mers du Nord.

Enfin, à trente-deux ans déjà, j'élevais plus de cent cinquante poules, cinq cents canards (car la propriété comportait de grands étangs) et, d'une façon générale, tous les animaux de basse-cour, sans compter trois loups que j'avais ramenés... de Turquie.

Je ne parle pas des vaches, des potagers minutieusement entretenus, du métier de bûcheron que je faisais dans notre bois.

Depuis, je n'ai jamais passé la moitié d'une année dans une ville. Ou bien j'étais en mer, ou bien je m'adonnais à la culture et à l'élevage.

Les deux professeurs qui, isolément, sans se connaître, fouillaient les archives de tous les villages où ont vécu mes ancêtres, m'en donnent une explication.

J'ignorais par exemple que mon grand-père, que j'ai toujours appelé le chapelier, ce qui était devenu son métier après avoir été Compagnon du Tour de France et de la plus grande partie de l'Europe, était né dans une petite ferme. Autrement dit, il appartenait à la terre. C'est le cas de tous mes aïeux dont on a retrouvé la trace, soit dans le Limbourg belge, soit dans le Limbourg hollandais, soit dans le Limbourg allemand.

Les noms que je retrouve dans ces documents m'étaient totalement inconnus et la plupart, d'ailleurs, seraient mal retranscrits par les typographes, car ce sont des noms compliqués, d'une orthographe qui nous hérisse.

Mon propre nom de famille a subi tant de changements au moment d'être inscrit à l'état civil qu'il faudrait presque un dictionnaire pour s'y retrouver. Il y a des Simini, des Simoni, des Simonon, des Semenon, que sais-je encore ?

Ce qui me frappe, c'est que tous étaient des gens de la terre, qui possédaient parfois de petites fermes et qui, autrefois, louaient leurs bras à des cultivateurs, ce qu'on appelle en langage officiel des journaliers.

Je suis donc bien issu de générations de petites gens, de manants, comme on disait jadis, et cela ne m'étonne plus que ce soient les petites gens d'aujourd'hui qui me passionnent.

Il y a eu deux exceptions. Mon grand-père Brüll, le père de ma mère, qui a débuté comme petit fermier à Vlijtigen, qui a fait fortune petit à petit, a possédé un certain nombre de péniches sur les canaux mais, par la suite, a tout perdu et est mort quand ma mère avait six ans.

Il y en a un autre, dont il m'est difficile de transcrire le nom, qui paraît avoir eu une situation plus qu'aisée, mais il a sombré dans l'oubli.

Je suis reconnaissant à ceux qui ont eu la patience d'aller de village en hameau pour photostater les actes d'état civil. Ils m'ont confirmé dans mes attaches étroites avec la terre et avec l'humilité. Une autre hypothèse me vient à l'esprit et, comme toujours, c'est une histoire d'enfance.

Il m'est arrivé souvent de n'être pas très indulgent avec les Petits Frères des Ecoles Chrétiennes. Leur bâtiment se trouvait juste devant la maison que j'habitais avec mes parents rue de la Loi. Je n'avais que la rue à traverser.

Une grande cour servait aux récréations. Il y avait aussi, derrière l'immeuble principal, un vaste potager dans lequel, comme récompense, on nous permettait d'aller travailler pendant les récréations. Des poiriers découpaient ce potager en plusieurs sections. Les planches étaient tirées au cordeau, de même que les passages entre elles. Les genoux nus sur la terre fraîche ou chaude selon la saison, mais toujours humide, nous étions accroupis en rangs à enlever avec soin les mauvaises herbes et les plants de légumes qui faisaient double emploi et risquaient de se contrarier les uns les autres.

C'est un des plus beaux souvenirs de ma vie. Je me sentais en contact direct avec la terre et je guettais la croissance des

Je suis resté un enfant de chœur.   8.

légumes comme si cela avait eu pour moi une grande importance.

Depuis, j'ai eu plus de trente-deux domiciles, tous entourés de jardins et de terres. A Epalinges, où je n'habite plus, mais qui doit être ma trente-deuxième maison dont je ne veux pas me séparer, j'ai recopié une fois de plus le jardin des Petits Frères. Chaque planche a à peu près la même dimension. Comme chez les Frères, des haies de framboisiers séparent les genres de cultures. Là aussi, une petite serre permet la préparation de celles-ci aussi bien que la conservation, l'hiver, de certaines espèces.

Mes aïeux, aussi longtemps que je peux reculer dans le temps, avaient les pieds collés à la glèbe. Quoi d'étonnant à ce que j'attache plus d'importance à mon petit jardin et à ses oiseaux qu'à un déjeuner ou un dîner en ville, auxquels je n'assiste jamais, et aux soirées de cinéma?

Je remercie ceux qui, à mon insu, sont allés de village en village photocopier les actes d'état civil. Ils ont dû parcourir bien du chemin et obtenir de nombreuses autorisations.

Grâce à eux, mon instinct s'est trouvé confirmé :

Je suis un paysan.

Lundi 23 mai 1977.

D'une façon générale, je ne me souviens pas de l'action de tous les romans que j'ai écrits. Il me reste dans l'esprit quelques personnages, quelques thèmes qui me reviennent de temps en temps à l'esprit.

Dans *Les Volets verts,* on voit Maugin entrer chez son médecin. Il fait encore partie intégrante de ce que nous appelons l'humanité. Quand il repasse la porte, une heure plus tard, il était, pour employer ses propres mots, « en état de maladie ». Il venait d'apprendre en effet qu'à son insu il était atteint d'une angine de poitrine qui, à l'époque, ne pouvait laisser espérer la guérison ni même une longue rémission.

J'en ai fait personnellement la douloureuse expérience avec mon père. Si, après tant de dictées optimistes, je me laisse aller à celle-ci, c'est qu'à mon tour, j'ai tendance à me sentir en état de maladie.

Quelle maladie? Je n'en ai pas la moindre idée. Je me connais trois ou quatre points faibles, pas nécessairement douloureux. Comme par hasard, de l'avis de mes médecins, ils ne correspondent à aucune maladie déterminée.

Depuis quelques semaines, cependant, et même, en exagérant un peu, depuis quelques mois, je subis cet état de maladie larvée, c'est-à-dire cette « pré-maladie ».

Les jeunes qui me lisent hausseront les épaules. J'ai soixante-quatorze ans. Je suis devenu, bon gré, mal gré, ce qu'on appelle un vieillard. Il est normal qu'à cet âge certains organes ne soient plus dans l'état de fraîcheur souhaitable et qu'ils commencent à flancher.

Mais quel organe, chez moi, est-il en train de flancher ? A chaque « check-up », mes médecins, de différentes spécialités, hochent la tête et me répondent :

— Parfait.

Je ne pense pas qu'ils me mentent. Ils ne découvrent pas, en effet, avec les moyens actuels de la médecine, ce que je viens d'appeler la « pré-maladie ». A moins que ce mot que j'invente soit tout simplement synonyme de vieillissement.

Vieillir ne me gêne pas. J'ai renoncé presque gaiement à un certain nombre d'activités qui me tenaient à cœur, y compris à écrire des romans, ce qui a constitué presque toute ma vie. J'ai renoncé à tous les sports auxquels j'avais l'habitude de me livrer. L'hiver dernier, cet hiver qui se termine à présent, m'a interdit la plus grande partie des marches qui étaient mon dernier recours.

Or, je m'aperçois qu'avec le soleil, ces marches s'allongent chaque jour et deviennent de moins en moins pénibles.

Alors, de quoi ai-je à me plaindre ? Si je devais répondre sous serment devant un tribunal, je répondrais :

— De rien.

Je devrais être heureux de me trouver dans l'état où je suis à mon âge et, faute de croire au ciel, j'en remercie le cosmos dont nous faisons partie.

C'est presque ridicule et révoltant de m'inquiéter et de changer parfois d'humeur, ce qui ne me ressemble pas. Des tiraillements ici ; des pincements là ; certains jours une certaine lourdeur des jambes ou un orteil qui se révèle à moi par une légère douleur.

Il y a surtout les vertiges qui, cela je le sais, croissent en intensité. Je n'oublie cependant pas que j'en ai souffert il y a

116

vingt ans et que, sans potion miracle, ils ont disparu pendant plusieurs années.

Ces années-là, les ai-je encore devant moi ? Quitte à encourir le ridicule, je voudrais vivre très, très vieux. Dans les journaux, ce que je cherche avant tout, ce ne sont pas les « exploits » d'Amin Dada ni l'imbroglio quasi universel de la politique, moins encore les chroniques économiques et financières, mais ces têtes admirables et sereines de centenaires ou presque centenaires que l'on publie de temps en temps.

Je n'ignore pas que les journaux n'en ont pas tous les jours sous la main et qu'il est plus facile de trouver le portrait d'un homme politique quelconque, mais je voudrais, un jour, être un de ces vieillards qui ont tout vu, souvent tout compris mais qui ont tout oublié, à part la recette de leur vie, qui va du vin blanc ou rouge à l'austérité la plus complète, je fais le vœu d'appartenir un jour à ce petit groupe, qui rend presque ridicules toutes les académies et associations.

En Suisse, assez souvent, souffle le foehn, un vent du Sud-Ouest, descendu des montagnes, tiède, humide, et renommé, si l'on peut dire, par la sorte d'accablement qu'il donne aux habitants.

Quand je téléphone à mon médecin de médecine générale pour lui dire que je ne suis pas en train et que j'ai l'impression de me traîner, il répond :

— Vous êtes le quarantième aujourd'hui. Je ne peux vous dire qu'une chose : c'est le foehn.

Il a peut-être raison un certain nombre de fois. Je n'en reste pas moins persuadé que, foehn ou pas foehn, je suis, comme mon personnage des *Volets verts*, entré tout doucettement en état de maladie. Je ne m'affole pas. Je m'excuse seulement auprès de Teresa de ne plus retrouver l'humeur égale, j'allais dire jaillissante, qu'elle a connue.

Je fais de mon mieux. J'attends de connaître cette maladie qui couve en moi.

Comme je ne fais pas partie de la Sécurité sociale et que je n'ai donc pas de remords de coûter trop cher à la communauté, je souhaite que ce soit une de ces maladies que l'on traîne longtemps, longtemps, longtemps...

Jeudi 26 mai 1977.

Aujourd'hui n'est pas tout à fait une journée comme une autre. En effet, mon fils Pierre a dix-huit ans. Il a le droit de conduire une voiture. S'il était en France ou dans certains autres pays où l'on devient majeur à dix-huit ans, il n'aurait plus aucune permission à me demander.

Or, bien que né en Suisse, quatrième de mes enfants, il ne sera majeur, théoriquement, qu'à vingt et un an, car il est resté Belge. Que sera-t-il demain ? Je n'en sais rien. Toujours est-il qu'à part des formalités administratives comme celle du permis de conduire, il n'y aura rien de changé pour lui.

Je l'ai toujours traité comme un homme et non comme un adolescent. Je continue.

Jadis, il était de mode de laisser une sorte de maxime au moment où un être humain devenait un adulte. Je ne suis pas très fort en maximes. J'aimerais pourtant lui en laisser une sans que ce soit pour lui une obligation d'en tenir compte.

C'est :

« Nos actes nous suivent. »

Cela paraît sévère. C'est au contraire réconfortant, car cela suppose que nous ne vivons rien d'inutile et que, comme je le dictais récemment, l'homme de plus de soixante-dix ans est encore un petit garçon.

— Sois un homme, mon fils.

J'ai oublié dans quelle tragédie ces mots sont prononcés. Etre un homme, d'accord, et j'ai écrit jadis que c'était un métier difficile. Il est aussi important de rester dans un petit coin de soi-même l'enfant qu'on a été.

Vendredi 27 mai 1977.

On a toujours tort de se mêler de choses qui ne vous regardent pas, surtout quand on est de mauvaise humeur. Je ne me suis jamais occupé de politique, ni à plus forte raison de former les hommes de demain. Cela me fait penser ce matin à un ami qui s'interpose dans une scène de ménage. Du coup, c'est lui le vilain et il n'y a pas besoin d'aller jusqu'à la Comedia dell' Arte pour assister à la scène où le pacificateur reçoit des coups des deux côtés.

Je songe pourtant à des choses sérieuses, pour autant que dans notre brève existence il existe des choses sérieuses. Par exemple, souvent, l'après-midi, je vais prendre un verre de vin blanc au restaurant qui s'est installé au bout de notre petite avenue.

Comme nous sommes proches de l'incinérateur et du cimetière, des rangées entières de tables, souvent, sont retenues d'avance et il y a de temps en temps deux enterrements face à face.

Cela commence par des murmures mondains, puis un éclat de rire donne le signal et on se met à raconter de bonnes histoires.

J'allais dire que c'est là le sérieux de la vie.

Ce qui me fait dicter quelques lignes aujourd'hui, c'est qu'on discute de plus en plus du salaire des étudiants.

121

Sans avoir de position politique, j'ai toujours penché davantage vers la gauche que vers la droite, bien que n'appartenant à aucun parti.

Or, la salarisation de l'étudiant me paraît extrêmement dangereuse surtout quand, au même moment, il est question d'instaurer partout le numerus clausus, c'est-à-dire de limiter à l'extrême le nombre d'entrées à l'université.

Au fond, je crois que l'adolescent qui a quelque chose dans le ventre réussira coûte que coûte, dût-il y passer une partie de ses nuits. Parmi les locataires de ma mère, il y avait un jeune Polonais dont la propre mère était femme de ménage à Varsovie, et qui, pour toute nourriture, se contentait d'un œuf et d'un quignon de pain par jour. Il ne se plaignait pas. Il ne revendiquait pas. C'est un de ceux, parmi les étudiants, qui a le mieux réussi et qui s'est littéralement créé un avenir.

S'il faisait ses études aujourd'hui, il serait probablement tenté par les multiples vacances de neige, de printemps, d'été, de vendanges.

Je suis le premier à vouloir que les jeunes soient heureux. Je commence à me poser une question qui paraît contradictoire.

La vie de l'homme a beau être courte, comme je viens de le dire, elle ne s'en divise pas moins en diverses périodes.

Faut-il que l'enfant soit heureux coûte que coûte et faut-il lui mâcher la dure besogne de devenir un homme ? Faut-il, au contraire, entraîner sa volonté ?

Autrement dit, l'apprentissage de la vie telle qu'elle est, et non telle qu'on la rêve et qu'on la trouve dans les livres d'images, est-elle une nécessité ?

Ce ne sont pas les fils d'ouvriers qui se suicident ni qui, en majorité, se livrent à la drogue.

Ce sont les fils à papa.

Les possibilités, pour un jeune d'aujourd'hui, en dépit du chômage, sont nombreuses. Ce ne sont ni les connaissances ni l'habileté manuelle qui manquent : c'est la volonté.

En prenant en charge les individus, *quelle que soit leur valeur*, on crée en quelque sorte des fonctionnaires et, d'une façon générale, sauf exceptions, ce ne sont pas eux qui ont fait avancer la connaissance.

Les grands découvreurs ont rarement été élevés dans des châteaux et ont plus souvent crevé de faim dans des meublés du Quartier Latin ou d'ailleurs. Il en est de même dans les autres pays, surtout aux Etats-Unis, où la plupart des grands hommes sont nés à Brooklyn.

Que l'instruction soit gratuite et la même pour tous, du moment qu'ils sont capables de la suivre et de faire l'effort nécessaire, je suis d'accord. Mais que l'étudiant puisse réclamer un salaire, quel que soit son niveau intellectuel et sa paresse, je ne marche plus.

On a parlé aussi et on parle beaucoup de l'avenir qui attend l'étudiant diplômé. D'abord, le diplôme ne fait pas l'homme. Ensuite, le choix de la plupart des étudiants est le plus souvent guidé par la facilité.

Il suffit de regarder la télévision, de voir défiler ces personnages d'une trentaine d'années, suffisants comme des conquérants, qui, grâce à l'ENA et d'autres écoles de ce genre, sont déjà sous-ministres alors que rien ne les désigne pour ça, sinon des écoles réservées à ce que l'on appelle aujourd'hui une élite.

Je répète une fois de plus ce qui est pour moi une sorte de credo : le métier d'homme est difficile. Il doit l'apprendre par lui-même et toutes les subventions de l'Etat ne l'aideront pas.

Samedi 28 mai 1977.

Ce matin, le ciel était si clair, le soleil si joyeux, que l'on aurait pu croire, comme on dit dans le langage publicitaire, à un superbe printemps.

La même idée nous est venue à Teresa et à moi, au même moment : celle de nous précipiter au marché.

Je ne sais pas si c'est un souvenir d'enfant, quand, un panier entre nous, nous allions ensemble au marché de la place Cockerill ou de la Goffe, avec ma mère, mais, à plus de soixante-quatorze ans, j'ai gardé la nostalgie de l'odeur, des couleurs des marchés et des parlers des marchands.

Nous nous sommes habillés en hâte. Nous avons parcouru les places et les petites rues où les paysans des environs viennent vendre leurs produits. Nous avons acheté des oignons.

Après le déjeuner, nous avons savouré une sieste idéale et sans nuages.

C'est quand nous avons décidé de retourner sur le chemin ensoleillé que la catastrophe est arrivée. Le mot catastrophe est beaucoup trop fort. Mettons que l'engrenage a commencé à grincer.

Il s'agissait d'une lettre express de quatre pages dont je n'ai pas l'intention de donner le contenu ni le sens.

Toujours est-il qu'elle m'a confirmé dans l'inutilité de la vie familiale que je vois tout à coup comme une nuisance.

Ainsi dans la plupart des familles, chacun des enfants a un jour ses problèmes. Il les résout aussi bien qu'il le peut, à moins qu'il fasse provisoirement, ce qui est encore un moyen de s'en tirer, une dépression passagère.

Mes enfants ont leurs problèmes comme les autres, parfois plus aigus que les autres parce que, comme ils me l'ont répété vingt fois, il n'est pas toujours facile d'être le fils d'un homme célèbre.

Célèbre ? Je ne me considère pas comme tel. Mon premier volume de dictées s'intitulait *Un homme comme un autre* et je continue à me considérer comme tel.

Mais, pour eux, que de tentations ! C'est parce que j'ai mis des années à forcer le sort que tant de possibilités leur sont offertes sur un plat d'argent. Ils n'ont encore rien fait qu'on leur accorde toute confiance. On part du principe :

— Il y aura toujours le père Simenon pour intervenir.

J'ignore s'il en est toujours ainsi à Oxford ou à Cambridge, les deux universités en quelque sorte réservées à l'aristocratie anglaise. Un étudiant pouvait se faire habiller par le meilleur tailleur de l'endroit, chausser sur mesure, chapeauter par le chapelier le plus exclusif. Il pouvait aussi mener la grande vie. Personne ne lui réclamait d'argent.

On savait que leur père ou leur oncle, lord So and So paierait un jour la facture.

Je ne suis pas lord. Je ne suis pas l'homme riche que l'on imagine d'après les journaux, car j'ai passé ma vie sans me soucier de l'argent, avec le seul besoin de la vivre pleinement.

Mes enfants, j'en suis persuadé, ne le croient pas et s'attendent à un héritage important.

Il n'y aura pas d'héritage important. Au train où ils vont, il sera dévoré pour chacun en une année ou deux.

Je me suis forcé de leur donner la meilleure instruction possible afin qu'ils puissent se débrouiller. L'un d'eux paraît l'avoir déjà fait, il reste aux autres à faire leurs preuves par eux-mêmes, sans compter sur le nom de papa. Je regretterai peut-être cette dictée, mais je ne la changerai pas, ni ne la supprimerai. Le seul service que je puisse leur rendre encore est la sincérité.

Ou alors, pour tirer définitivement (un définitif bien bref) chacun de ses difficultés, de me tirer une balle dans la tête.

Cela s'appellera dans les journaux la succession Simenon. Une succession plus maigre que celle à laquelle on s'attend et qui remettra chaque enfant en tête à tête avec lui-même.

Post-scriptum.

Ces pensées, que je gardais pour moi, et cette tentation de la balle dans la tête, ne sont pas d'aujourd'hui mais de plusieurs années.

Sans la présence de Teresa et sans notre amour, il y a longtemps que je les aurais réalisées.

Dimanche de la Pentecôte, 29 mai 1977.

Hier soir, au moment de me mettre au lit, j'ai éprouvé le besoin de lâcher la vapeur. J'ai donc dicté, ce qui m'est rarement arrivé le soir. Une lettre express reçue dans l'après-midi, après une journée sans nuages, m'avait fait bouillir le sang.

Ai-je eu tort d'en parler ? Si je l'ai fait, c'est que je ressens un besoin d'être sincère jusqu'au bout.

Il est probable, cependant, que quand je reverrai ce texte une fois tapé à la machine, je procéderai à de larges coupures.

Je ne sais plus exactement ce que j'ai dit. Je ne me souviens jamais de mes dictées et je suis souvent étonné lorsque je les revois pour en faire une vague toilette.

Nous vivons une Pentecôte dont on se souviendra tant le ciel est d'un bleu clair, les branches d'arbres immobiles et les chants d'oiseaux multiples.

Cela aurait été une journée idéale comme certains souvenirs d'enfance. Malgré moi, je pense à cette dictée et à la lettre que je ne pourrai écrire avant mardi à cause des fêtes. J'aimerais m'en débarrasser tout de suite. Hier soir, si Aitken avait été ici, c'est à elle que j'aurais dicté directement cette lettre et je n'aurais pas eu besoin de mon enregistreur.

J'ai un défaut qui date de loin : la peur de faire du mal ou simplement de la peine. Au fond, comme je l'ai répété

129

maintes fois, je suis resté un enfant de chœur et pas même un enfant de chœur révolté, pas non plus un enfant de chœur qui vide les burettes.

J'en suis au douzième volume de mes dictées. Il se passera probablement plusieurs semaines avant qu'il soit terminé. A ce moment-là, lorsque Aitken l'aura tapé, serai-je encore dans les mêmes dispositions d'esprit qu'hier soir? J'espère que non. J'en suis même persuadé. Déjà ce matin, grâce à cette sorte de révolte d'hier soir, je me sens plus détendu et j'irais jusqu'à prononcer le mot optimiste.

Comme chaque dimanche, nous ne sommes que tous les deux, Teresa et moi, dans notre petite maison apaisante où notre vie en tête à tête est si savoureuse.

Peut-être, ce qui nous manque parfois, est-ce de piquer une bonne colère? Au fond, j'ai été un enfant mal élevé qui en paie encore les conséquences à plus de soixante-quatorze ans.

Combien de fois, au cours de ma vie, un merde sonore ne m'aurait-il pas soulagé?

Hier, il nous a été donné à Teresa et à moi une joie gratuite, comme était gratuit et réconfortant le soleil éblouissant dont nous jouissons depuis quatre ou cinq jours.

Comme nous n'avons plus de voiture, comme je ne peux pas non plus marcher à l'infini à la façon dont je le faisais jadis, il nous arrive souvent de commander un taxi et de nous faire conduire à un endroit quelconque, où la voiture nous attend pendant que nous faisons une promenade courte ou longue.

Hier, j'ai emmené Teresa, sans la prévenir, sur ce qu'on appelle ici le plateau, c'est-à-dire une région qui, à moins de six kilomètres de Lausanne, se trouve déjà à huit cent cinquante mètres d'altitude.

Nous la connaissons bien. Ses moindres coins, y compris la forêt toute proche, nous sont familiers. C'est là qu'il y a quatorze ans j'ai fait construire ma maison d'Epalinges. Elle m'appartient toujours mais, depuis cinq ans environ, je ne l'ai pas revue, pour ne pas dire que je l'ai évitée.

Lorsque j'ai construit Epalinges, il n'y avait que des champs sans un seul arbre, en face de chez nous, trois ou quatre cerisiers rabougris.

J'avais besoin de verdure, j'avais surtout envie d'une ceinture de bouleaux, qui est un de mes arbres préférés, capable de résister à la bise d'Epalinges et aux deux mètres de neige que nous avions souvent pendant tout l'hiver.

C'est une des rares fois, par bonheur, où mon instinct m'a trompé. J'ai fait planter les bouleaux, en effet. Ils étaient petits et maigres et je les regardais avec nostalgie en me disant que, quand ils seraient de vrais arbres, c'est moi qui ne serais plus là.

... Passe encore de bâtir mais planter à cet âge...

On ne peut pas dire que quand j'ai quitté ma maison et les terres qui l'entourent, mes fameux bouleaux étaient déjà de vrais arbres. Mettons des demi-arbres, qui donnaient tout juste quelques taches d'ombres.

Hier, pendant que le taxi ralentissait, j'ai eu une stupeur joyeuse en voyant qu'ils étaient devenus de grandes personnes.

Ce sont aujourd'hui des arbres très hauts, qui couvrent en partie notre toit et surtout celui de la piscine. Ils ont des troncs épais et musclés de boxeur.

Ce qui m'a le plus enchanté, c'est qu'ils me prouvaient ainsi que la nature est plus forte que nous et que mon intuition était sujette à se tromper.

Si je m'étais trompé il y a quatorze ans, en effet, je serais mort aujourd'hui. Or j'étais bien là hier pour regarder mes beaux bouleaux.

La maison, nous ne l'avons même pas regardée, et à plus forte raison n'y sommes-nous pas entrés.

J'avais vu mes arbres que je considère un peu comme mes enfants, tout comme, dans le jardin de notre petite maison rose, nous considérons nos oiseaux comme nos enfants.

Tant de gens cherchent des joies n'importe où, y compris sur le macadam des routes où l'on joue aux jeux mortels de se dépasser coûte que coûte.

Ils ne connaissent pas la joie de retrouver, adultes, des bouleaux qu'on a plantés il y a quatorze ans.

Il en est à peu près de même en ce qui concerne nos

oiseaux. Lorsque j'ai acheté la maison rose, ils n'étaient que quelques-uns à voleter par-ci par-là, s'éloignant à tire d'aile lorsque nous nous approchions de la porte-fenêtre. Aujourd'hui, ils sont trois cents environ et, dès le petit matin, ils nous attendent et descendent de notre cèdre qui fait figure de patriarche, et des arbres plus humbles d'alentour pour se précipiter en un vol plané impressionnant vers Teresa qui leur apporte la graine. On dirait que si d'aventure nous avons dépassé l'heure, ils nous grondent. De même nous grondent-ils si on n'a pas rempli à temps la grosse pierre presque informe qui leur sert d'abreuvoir.

Le même jeu recommence l'après-midi. Nous avons l'habitude de faire la sieste. Il arrive qu'elle se prolonge un peu et alors, c'est autour de nos fenêtres, un gazouillis presque assourdissant pour autant qu'on puisse rapprocher les deux mots.

Pour le moment, ils ne sont que quelques-uns, des retardataires, j'ignore si ce sont les plus jeunes ou les plus âgés, qui vont paresseusement de brin d'herbe en brin d'herbe.

Merci à mes bouleaux qui m'ont attendu ; je commence à croire que je les verrai plus grands et plus musclés encore. Merci aussi à mes oiseaux disparates que j'ai plus de joie à contempler que des *blue girls*.

Post-scriptum.

Teresa, qui regardait par la porte-fenêtre pendant que je dictais, me dit que les oiseaux les plus sveltes sont ceux de la dernière couvée, donc les plus jeunes, et que les plus emplumés sont les mères qui viennent leur donner à manger bec à bec.

C'est presque aussi beau que de voir une maman qui donne le sein à son bébé, ce que je considère comme l'un des spectacles les plus émouvants et les plus encourageants du monde.

Lundi 30 mai 1977.
Cinq heures de l'après-midi.

C'est toujours jour chômé, un second dimanche. J'ai eu l'envie d'aller voir ce qui se passait à Ouchy.

Ouchy, dans le bas de Lausanne, est le rendez-vous non seulement des touristes de toutes les nationalités et de toutes les races, mais les Lausannois eux-mêmes y viennent volontiers passer l'après-midi. Autour du carré du port, on trouve des centaines de mètres de terrasses où les clients sont serrés les uns contre les autres et où, aux moments de presse, cela demande de la patience pour se faire servir.

D'habitude, on trouve à toutes les tables de véritables bouquets de crème glacée de toutes les couleurs. Aujourd'hui, après une matinée sans nuages, l'orage menace, la température a quelque peu fraîchi et les gens commandaient plutôt du thé, du chocolat, sans oublier les gâteaux de toutes sortes.

J'aurais pu commencer par le commencement. Comme beaucoup de mes confrères, je reçois quasi quotidiennement des livres, des magazines, que je n'ai pas commandés.

La semaine dernière, j'ai été surpris de trouver dans le courrier trois magazines luxueusement édités et aussi luxueusement dénudés. Je ne prononce pas le mot de pornographie. Il y a longtemps que ce mot n'a plus de sens. Je me souviens encore des expositions de peinture de Tigy, ma première femme, à Liège. Elle n'avait rien d'érotique. Mais, la veille de l'ouverture, un fonctionnaire n'en est pas moins venu examiner les toiles une à une et désigner d'un doigt accusateur une des toiles, un nu que l'on avait oublié de raser. Ce triangle sombre a excité sa colère et il a annoncé que si le triangle, le lendemain, n'avait pas disparu la toile serait retirée de l'exposition.

Faute de pouvoir faire autrement, Tigy a obtempéré. Elle a soigneusement gratté les poils superflus de sorte que le pubis apparaissait dans une nudité beaucoup plus choquante.

Si j'en parle, c'est pour en revenir aux magazines reçus cette semaine. Là aussi, il s'agissait de nus féminins, mais où les régions pilifères étaient soigneusement mises en valeur. C'est commun aujourd'hui. C'est entré dans les mœurs, encore que les jeunes femmes les plus aguichantes ne se promènent pas encore dans la rue à poil.

Heureusement ! A la terrasse d'Ouchy, je regardais avec attention, une à une, les femmes qui buvaient le thé ou mangeaient des gâteaux.

Le résultat a été décevant. Certaines avaient de jolis visages, et même ce qu'on appelait jadis un beau buste. L'ensemble n'en formait néanmoins pas un ensemble qui plaidait pour la race humaine.

Je ne parle pas de leurs compagnons, car le cas est encore plus décevant.

On a essayé de nous faire croire à l'école que nous étions les rois de la création, façonnés à l'image de Dieu. Pauvre Dieu ! Il a dû y avoir un cafouillage dans l'ordinateur de ce temps-là.

Nous sommes, bon gré mal gré, des bipèdes et nous nous en enorgueillissons.

Tout à l'heure, à la terrasse, des chiens se glissaient entre les tables ou étaient tenus en laisse. Tous, je dis bien tous, étaient plus beaux que leur maître ou leur maîtresse, qu'il s'agisse d'un berger allemand, d'un doberman, d'un chow-chow ou d'un pékinois.

C'est ces gens-là, assis devant leur guéridon, qui s'étaient rendus en Afrique, en Amérique du Sud, n'importe où où il existe encore, malgré nous, quelques animaux à l'état naturel.

Combien de femmes, en se maquillant, pourraient ne pas se sentir inférieures à une antilope, voire à un tigre ? Elles cesseraient probablement de se rougir la bouche, de se colorer les yeux sinon le reste du corps.

Ce corps dont elles ont tellement honte, au fond, qu'elles dépensent de petites fortunes pour le bronzer coûte que coûte.

Si on me demandait mon avis sincère, mais on ne me le demande pas, je répondrais que l'homme est le moins beau des animaux.

Or, les expéditeurs de ces magazines pleins de pubis agressifs, me demandaient à moi d'écrire pour eux un article. Je ne veux pas écrire un article sur les différents frisottis de l'entrejambe des femmes et discuter gravement ou légèrement des avantages des pubis méditerranéens ou des pubis nordiques, des blonds, des bruns et des noirs comme l'encre.

Nous avons organisé des concours d'animaux pour les chats, les chiens, voire les oiseaux. Le jury tient-il compte de la forme et de la couleur de leur sexe ?

Dans ces concours, nous voyons des animaux élancés, aux formes puissantes, aux bonds prodigieux ; nous en voyons de courts et de trapus comme des boxeurs. Une personne dans le jury tout au moins ne se préoccupe de ce qu'ils ont entre les jambes.

Il fut un temps, dans mon enfance, où entrevoir une cheville d'une femme en robe longue était une découverte, sinon un péché.

Les mollets y ont passé. Puis ce qu'on appelait la poitrine. Les Folies-Bergère, à Paris, étaient les seules à montrer les seins nus et la foule s'y précipitait.

Aujourd'hui, c'est le petit triangle secret...

— Avez-vous un joli corps, Mademoiselle, un corps bronzé, des seins qui se tiennent ? demande l'entrepreneur de spectacle ou le metteur en scène.

— Oui, Monsieur.

Et, sans embarras, car l'embarras n'intervient pas dans le commerce :

— Avez-vous un joli con ?

— Je ne le trouve pas mal.

— Frise-t-il naturellement ? — car cela augmenterait les frais généraux de friser à chaque prise de vues les poils de pubis de ces demoiselles.

J'ai l'air d'exagérer. Je ne le fais que de très peu. Et je suis plus près de la réalité que tous ces magazines qui pullulent et qui ont chacun leur style. Comme il y a un style pour les productions cinématographiques de chaque pays. Les visages peuvent se ressembler. La ligne du corps aussi. Mais il y a ce petit triangle, ce bougre de petit triangle, qui ne peut pas être le même en Allemagne, en France, aux Etats-Unis. Et je ne parle pas de tous les autres pays.

Les lions, les éléphants, les zèbres, je dirai aussi les crocodiles, possèdent leur beauté propre tout comme, probablement, les insectes que nous écrasons négligemment de la main ou du pied.

Tous ont une vie sexuelle, puisque bien avant l'arrivée de l'homme sur terre ils se reproduisaient.

Vais-je me demander à présent si, pour eux aussi, le petit triangle blond ou noir a joué un rôle et si on les aurait excités en leur montrant une reproduction grandeur nature ?

Je dicte ces quelques lignes à la hâte car j'y tiens et j'ai rendez-vous dans quelques minutes. Il est fort possible donc que cette dictée soit interrompue.

Le premier soin de Teresa, chaque matin, quand elle ouvre les rideaux, c'est de chercher avec une anxiété presque maternelle un de nos oiseaux parmi cette multitude.

Il doit être un des jeunes de la dernière couvée. Il est encore tout ébouriffé, capable de rester une demi-heure sans bouger, au point que l'on peut se demander s'il est encore en vie.

Inutile de préciser que c'est le préféré de Teresa et il en est de même l'après-midi. C'est évidemment le plus faible. Même sa mère ne lui donne plus la becquée...

2 juin 1977 au soir.

J'avais commencé à dicter quand j'ai été interrompu. Je n'en ai pas moins perdu de vue l'image que je voulais dessiner et qui aurait peut-être été mieux dessinée en aquarelle. Le meilleur moment de notre journée, à Teresa et à moi, est celui du réveil. Les volets ont beau être fermés, ils laissent filtrer le soleil. Nous savons déjà donc de quoi cette journée sera faite.

Quant aux enfants, si je puis dire, c'est-à-dire nos centaines d'oiseaux, ils commencent à s'impatienter car pour eux la journée est commencée depuis longtemps.

J'appelle alors Teresa ma fermière, qui va remplir notre petit abreuvoir et répandre les graines dans tout le jardin, en criant, comme je l'ai tant entendu crier dans mon enfance, d'une même voix, sur un même ton :

— Petits petits petits petits !

Ils accourent en vol plané. Ce ne sont pas des animaux domestiques. Ils attendent leur moment de descendre de leurs arbres mais, ensuite, cela forme une foule dans laquelle je n'ai jamais, en plus de deux ans, observé la moindre bagarre.

Je n'y connais rien en ornithologie. Ce que je sais, c'est que nous avons ces temps-ci une nouvelle couvée, plus ébouriffée, plus ronde, que les mères (ou les pères) viennent nourrir bec à bec.

141

Ce que, quand j'ai été interrompu par une visite, je voulais signaler, c'était l'histoire de ce que j'appellerais notre petit orphelin. Le premier soin de Teresa, quand elle ouvre les volets, est de le chercher des yeux. Le plus souvent, il se tient à l'écart des autres, en bordure d'un buisson ou très près de nos fenêtres. Il peut rester immobile, pendant de longues minutes, tout touffu, de sorte que bien des fois nous l'avons cru mort.

C'est probablement le plus faible de la nouvelle génération qui vient se mêler à l'animation du jardin. Se voit-il indésirable ? Sa mère a-t-elle été mangée par un chat ? Toujours est-il qu'il reste là, à moins de deux mètres de notre porte-fenêtre, et c'est avec un soupir de soulagement que nous le voyons se mettre à picorer.

Il ne se mêle jamais aux autres. Son petit monde se résume à quelques mètres carrés et il ne s'éloigne pas des buissons.

Les zoologues nous ont appris que les grands fauves, les lions par exemple, lorsqu'ils suivent un troupeau d'antilopes, cherchent la plus faible et qu'ils en font leur victime. On dirait qu'il en est ainsi pour tous les êtres vivants.

C'est pourquoi nous nous passionnons tant au sort de notre petit moineau. Le plus faible, il l'est certainement. Il a de la peine à se hisser sur une chaise de jardin ou sur une branche basse des arbustes. Des chats rôdent dans les environs et les oiseaux, plus avisés, s'envolent à grand bruit dès qu'ils les aperçoivent.

Ce petit-là, pour lequel nous nous sommes pris d'affection, n'est pas encore en âge de se défendre. Je n'ai pas vu non plus son père ou sa mère venir lui donner à manger bec à bec, comme il arrive pour les autres.

Existe-t-il des moineaux orphelins ? Je l'ignore. J'ignore aussi comment on pourrait leur venir en aide sinon en les mettant dans une cage, ce qui me révolte.

Peut-être ce petit oiseau anonyme prendra-t-il des forces ? Peut-être les autres l'accepteront-ils comme un des leurs et non comme un être trop faible. Nous le souhaitons ardemment, Teresa et moi, Teresa surtout, qui a acquis à son égard une affection quasi maternelle.

En tout cas, nous continuons à le chercher des yeux dès les rideaux tirés et à considérer comme une grande journée celle où nous l'aurons aperçu tapi dans l'arbre, immobile, indifférent en apparence à ce qui n'est pas sa survie.

Même jour dix heures du soir.

Il y a des moments où j'ai besoin de dicter et où je me retiens par crainte de ne dire que des banalités. Cela a dû m'arriver souvent dans les onze volumes qui ont précédé celui-ci.

Je viens, à l'instant, de raconter une petite histoire, presque une bluette, que j'avais en tête depuis ce matin et que je tenais à dicter, l'histoire de petit oiseau, comme il existait jadis des histoires de ruisseaux, de naïades et de beaux chevaliers.

Je dormirais mal, j'en suis persuadé, si je ne me débarrassais pas d'autres idées, moins idylliques, mais qui font partie, elles aussi, de l'existence.

Il y a peu de gens que je rencontre, même de jeunes, qui ne souffrent d'une maladie ou d'une autre, ou qui ne les portent visiblement en eux.

La tragédie humaine ne commence-t-elle pas à notre naissance, qui n'est pas l'image rassurante et souriante que nous en ont donné la plupart des peintres du XVIIe siècle ?

J'ai assisté à la naissance de trois de mes enfants sur quatre. Je sais donc ce dont je parle. Le petit d'homme vient au jour par des efforts quasi désespérés, et c'est un miracle s'il arrive enfin à trouver sa respiration.

Pendant son enfance, il sera docile ou révolté selon les cas,

145

plus souvent docile parce qu'il est le plus faible, mais il n'en amassera pas moins en lui des rancœurs qui ne le quitteront jamais.

Plus tard, comme au service militaire, il entrera dans le rang, c'est-à-dire qu'il apprendra que l'individu n'est qu'un robot que le moindre caporal peut manœuvrer.

Les années passent. Les uns restent des mécaniques, les autres deviennent des personnages importants ou richissimes.

Curieusement, un moment vient où ils retrouvent les uns et les autres les mêmes problèmes. Le bébé qui a tant lutté pour sortir du ventre de sa mère, est devenu un vieillard qui lutte avec autant de ténacité pour ne pas en sortir.

Les uns, beaucoup, sont restés en route et ont disparu. Disparus de la mémoire des hommes ; disparus souvent dans la mémoire de leur famille, car un homme remplace un homme, une femme remplace une femme.

On parle, surtout au cours des funérailles, de maladie :
— Il est mort de ceci...
Ou de cela ! Ou encore :
— On n'y comprend rien.

Ce qu'on oublie, c'est qu'il a en tout cas une maladie qui, depuis que l'homme existe, sous quelque forme que ce soit ne pardonne pas et dont jamais personne ne guérit : c'est la vieillesse.

J'allais dire en plaisantant qu'il est indispensable de faire place aux autres, sinon, comme nous annoncent les futurologues, la Terre basculerait dans je ne sais combien d'années.

Pour parler plus sérieusement, je dirais qu'avant de devenir un vieillard j'ai toujours respecté les vieillards que je rencontrais. J'ai surtout scruté leurs yeux, j'ai essayé de comprendre ce qu'ils pensaient de leur sort alors qu'ils en avaient pour six mois, un an, voire dix ans à vivre.

Maintenant que je suis de l'autre côté de la barrière, je peux répondre.

On a beau savoir que l'être humain n'est pas éternel, on

garde un amour croissant de la vie. On y tient d'autant plus que chaque minute compte, que chaque minute est précieuse, que chaque minute nous apporte encore quelque chose.

Nostalgie ? Non. Ce n'est pas un vulgaire regret : c'est un bonheur que l'on quitte, aussi dignement que possible, ce qui n'est pas facile. En même temps, si les circonstances vous le permettent, c'est le dernier baiser à la femme aimée, à un monde qui, dans quelques minutes ou dans quelques secondes, n'existera plus.

Ça ne rate pas. Nous sommes dimanche matin. Il y a beau avoir de la grisaille dehors, je ne veux pas manquer ma dictée. Je dicte d'autres jours aussi, certes, mais ma dictée de dimanche est pour moi comme un bonbon à un enfant.

Je me sens plus détendu, à l'abri d'un télégramme, d'un coup de téléphone ou d'une communication de mon secrétariat. A part Pierre, qui dort jusqu'à environ midi, nous sommes tous les deux seuls à la maison, Teresa et moi. Cela crée autour de nous une atmosphère encore plus intime que les autres jours et c'est à ce moment-là qu'au lieu de lui parler, car nous n'avons à peu près rien à nous dire puisque nous nous devinons l'un l'autre depuis longtemps, je me penche avec plus de plaisir sur mon magnétophone.

Hier, samedi, a été pour moi une journée faste. J'ai reçu en effet la visite d'un ami, le professeur Piron, et de sa femme, qui est professeur aussi et avec qui j'ai trop peu de rencontres depuis que je ne voyage plus.

Cette amitié est d'ailleurs née de mes livres. Professeur de philosophie et de littérature à l'université de Liège, il a eu le premier l'idée de demander à chacun de ses étudiants de choisir un point de vue sur mon œuvre et de le développer au cours de l'année.

Il paraît, mais ce n'est pas à moi de le dire, que ça a été un

149

succès. Nous sommes entrés en relation épistolaire avec Piron. Nous nous sommes trouvé un grand nombre de points communs.

C'est grâce à lui que, me demandant ce que deviendraient plus tard mes manuscrits et tous les documents que je possède, j'ai pensé à Liège, ma ville natale, à laquelle bien des fibres me rattachent, quoique vivant au loin. J'ai décidé de faire don à l'Université de Liège, sous les auspices du professeur Piron, de tous mes manuscrits, de toutes les éditions de mes ouvrages y compris des ouvrages étrangers et d'un certain nombre de livres introuvables dont je n'avais moi-même qu'un seul exemplaire.

Je n'imaginais pas alors l'importance que Piron, avec son enthousiasme paisible (ces mots paraissent contradictoires mais sont bien wallons), a organisé dans le cadre de l'Université un « Centre d'Etudes Georges Simenon ». Il l'a si bien fait, avec tant de patience et d'intelligence, que mes envois à Liège se sont multipliés, non pas volume par volume, mais caisse par caisse et que sont nombreux les livres, nombreuses les éditions dont je n'ai pas éprouvé le besoin de garder dans ma retraite un exemplaire.

Après de longues conversations que j'ai eues hier avec Piron et d'autres qui continueront aujourd'hui et demain, pas nécessairement sur la littérature mais sur n'importe quel sujet, j'ai pu me rendre compte non sans un certain étonnement que je suis resté beaucoup plus Liégeois que je le pensais.

C'est une ville où l'on fait peu d'épate et où elle ne paie pas. On y est généralement calme, bien que la tête près du bonnet, mais on y a des affinités qui font que les hommes y deviennent naturellement des copains.

Je n'irais pas jusqu'à dire qu'on s'y méfie de l'existentialisme et de ce qu'on appelle aujourd'hui la littérature de pointe, comme on parle de la médecine de pointe. On y est tous plus ou moins des fils ou des arrière-petits-fils de paysans

150

et l'on garde les deux pieds par terre, même si on doit nous traiter de « bouseux ».

Chez nous, c'est presque un titre de noblesse. J'en reparlerai à Piron cet après-midi. Il est un prototype. Par-dessus le marché, il vit dans la petite campagne d'Embourg (qui était une petite campagne au bout du dernier arrêt de tramway lorsque j'étais enfant et où je passais toutes mes vacances).

Il n'y existait pas encore d'hôtels et ma mère trouvait à me caser chez l'habitant, c'est-à-dire chez une brave femme inculte et moustachue où le confort moderne n'était même pas encore un rêve. Cela appartenait à un autre monde, à un monde que nous ne connaissons pas, pour la bonne raison qu'il se refermait soigneusement sur lui-même et que le « bouseux » n'y avait pas accès sinon pour nettoyer les allées, ramasser les feuilles mortes, promener les chiens au besoin, et se charger de toutes les basses besognes.

Cela a changé. Ce monde a basculé. Embourg est devenue une des plus jolies campagnes des environs de Liège.

Après tant d'années nous nous y retrouvons en quelque sorte, tout au moins en pensée, Piron et moi.

Même jour, vingt minutes plus tard.

Je viens de prendre une décision qui n'a son importance que pour moi et Teresa et qui change tous les plans que nous avions faits pour nos vacances.

Depuis six mois environ, car je n'ai pas la notion du temps, sauf celle de l'heure, qui pourrait me faire penser que j'ai eu un aïeul suisse, mais ce n'est pas le cas, car j'ai une montre intérieure plus exacte que les montres du commerce. Depuis environ six mois, disais-je, je commençais à me sentir vieux, déclinant, et cela avait fini par devenir une hantise. Je passais mon temps à observer les différentes parties de mon corps et à me demander laquelle flancherait la première.

Je crois en avoir déjà parlé. J'ai l'impression qu'aujourd'hui je suis délivré. Certes, j'ai les jambes plus lourdes qu'autrefois, je m'essouffle plus facilement et mes vertiges deviennent plus fréquents.

Comme d'autres font la tournée des bistrots, j'ai fait la tournée des médecins de Lausanne. J'ai subi un grand nombre de tests et je ne sais combien d'analyses. Le plus grave, c'est que Teresa à son tour s'est révélée vulnérable et a commencé, bien que vingt-quatre ans plus jeune que moi, à ressentir ce que j'appelle des bobos.

Ils n'enlèvent rien à son activité ni, à plus forte raison, à sa lucidité. Les femmes, les statistiques le prouvent, possèdent

153

plus de résistance que les hommes à la maladie. Nous sommes loin, médicalement de la jeune femme de la littérature d'autrefois, souvent tuberculeuse, ou mourant en couches.

Ce que l'homme appréciait le plus en elle, c'était sa fragilité qui devenait dans son esprit de la poésie. Teresa n'est pas fragile. Je ne crois pas qu'elle m'ait jamais inspiré de poèmes. Notre amour se déroule sur un même plan, à égalité, sauf que je suis plus dérouté sans elle qu'elle le serait sans moi.

Elle n'essaie jamais de me diriger dans un sens ou dans un autre. Pour beaucoup, elle doit paraître impassible. Or, nous sommes l'un et l'autre aussi neuro-végétatifs.

Nous avions retenu nos chambres à Saint-Sulpice, comme les autres années. Nous avions hâte d'y être. J'avais décidé d'emporter un des fauteuils que, quand j'ai construit Epalinges, j'avais fait faire sur mesure, afin que l'écart entre mes bras soit tel, lorsque je lis et que je dois tenir un livre ou un journal à la main, que les bras ne se fatiguent pas.

Tout à l'heure, je vais aller annoncer tristement que je n'occuperai pas cet été l'appartement que j'avais retenu.

C'est une décision que j'ai prise en fin de compte hier après-midi et dont je n'ai parlé à Teresa que ce matin en me rasant. Je n'ai pas été surpris d'apprendre qu'elle en avait eu l'intuition.

Au lieu de notre petit hôtel que nous aimons tant, nous nous réfugierons pour un peu plus d'un mois dans une clinique relativement proche (d'où nous ne verrons pas notre arbre) où nous sommes déjà allés trois fois et où nous aurons jour et nuit sous la main la possibilité d'un contrôle médical et de soins.

Je n'ai pas pris cette décision avec joie, quoique j'aie gardé le meilleur souvenir de cette clinique, mais j'ai besoin de me rassurer, plus encore sur la santé de Teresa que sur la mienne.

Voilà donc un été brusquement bouleversé. J'ai retenu ce matin notre appartement à la clinique et j'ai la chance inouïe que nous pouvons avoir celui que nous avons occupé par trois fois et dont nous avons gardé le meilleur souvenir.

Nous y retrouverons même celui que nous appelons le médecin en qui nous avons une entière confiance et avec qui nous étions devenus de vrais amis.

Cet après-midi, il me reste une démarche mélancolique : aller annoncer à notre petit hôtel si cher à notre cœur que nous n'y serons pas cette année.

Même les pommiers auxquels Teresa voulait toujours grimper nous manqueront. Quant aux cerises, elles seront déjà plus que mûres.

Vendredi 10 juin 1977.

Je suis pris, comme cela m'arrive souvent, d'une furieuse envie de bavarder avec mon magnétophone. Cette manie m'est venue à mon insu. Je ne pensais pas à mes dictées lorsque j'ai cessé d'écrire des romans, à l'âge de soixante-dix ans. Quarante-huit heures après j'avais acheté un magnétophone sans avoir la moindre idée de ce que je lui raconterais.

J'en suis aujourd'hui au douzième gros volume et, comme si j'avais attrapé un virus, ce magnétophone a pris une part de plus en plus grande dans mon existence quotidienne.

Aujourd'hui, j'ai envie de dicter pour ne pas dire que j'en ressens le besoin. Malheureusement je n'ai pas la moindre idée de ce que je voudrais dire.

Toute la semaine a été remplie par des obligations. J'en ai encore l'après-midi, puis lundi toute la journée avec la télévision autrichienne. Lorsque je n'ai pas une obligation, cela pourrait paraître un jeu divertissant. Je n'en veux d'ailleurs pas à ceux qui viennent m'interviewer de la sorte. Je me contente de les trier afin de garder un petit coin de vie personnelle.

La semaine prochaine, après l'Autriche, je n'ai plus accepté de rendez-vous, car je viens d'en « faire trop » et je finis par me sentir fatigué.

J'y pensais ce matin en me levant. Tout au long de ma vie,

157

je n'ai jamais connu la fatigue, tout en donnant le maximum de moi-même.

Je ne parle pas de mes romans. J'ai oublié les efforts qu'il m'a fallu souvent accomplir pour mener tel ou tel à terme ou pour garder à un de mes personnages son authenticité et le faire agir en conséquence.

Les images qui me sont revenues ce matin, alors que j'attendais mon café dans un demi-sommeil, sont d'un tout autre ordre. Les premières me montraient des chevaux, que je reconnaissais un à un et dont je pourrais encore décrire les manies individuelles. Il m'arrivait, à la Richardière, près de La Rochelle, d'en épuiser quatre par jour et je ne ressentais ni douleur ni raideur dans les jambes. Au contraire. J'étais en pleine forme. Il en était de même en Arizona où, grâce au désert qui nous entourait... *fin de la cassette. La suivante commence par :* à bride abattue ?...

Une autre nostalgie est celle de l'eau, que ce soit le long des rivières et des canaux de France à bord du *Ginette,* que ce soit dans les mers du Nord où j'étais le seul homme à conduire l'*Ostrogoth* tandis que Tigy et Boule me servaient de mousses.

Je ne regrette rien, sinon ma résistance physique d'alors. Rien ne me fatiguait. C'est un mot qui ne figurait pas dans mon vocabulaire. Couché à quatre heures du matin, je me retrouvais une heure ou deux plus tard à ma machine à écrire. Je n'avais pas besoin de sieste. Le jour, la matinée, la nuit, se confondaient en un tout où il ne m'était pas nécessaire de faire de pause.

J'ai connu en Laponie des froids de moins quarante-cinq degrés centigrades, pendant des heures, de longues étapes à travers un univers glacé, et je n'en ai pas souffert. Dans le sens contraire, à Assouan, en Haute-Egypte, j'ai subi soixante-cinq degrés à l'ombre, étendu sur mon lit la plus grande partie de la journée, mais frais assez au coucher du soleil pour monter à dos de chameau et m'élancer dans le désert.

Je pourrais multiplier les exemples à l'infini. Ce n'est que récemment, six ou sept ans environ, qu'après m'être cassé toutes les côtes du côté gauche, que j'ai commencé, petit à petit, à apprendre le sens du mot fatigue. Deux ans plus tard, je me cassais bêtement la cuisse, ce qu'on appelle en terme médical le grand trochanter, et j'ai vécu six semaines en clinique.

Le chirurgien m'avait annoncé que je ne remarcherais jamais plus comme avant et que je devrais renoncer à mes longues promenades. Car j'ai toujours été un marcheur ; quand j'étais au collège, à une demi-heure de chez nous, je préférais m'y rendre et en revenir à pied que de prendre le tramway.

Le chirurgien s'est trompé. Un an après sa prédiction je refaisais des promenades de dix kilomètres le long du lac.

Bien peu, en comparaison de mes promenades de jadis, mais cela me satisfaisait.

Hier, par un temps maussade, j'ai fait ce que nous appelons Teresa et moi le petit tour, c'est-à-dire une marche d'à peine une demi-heure. A mi-chemin, Teresa m'a proposé de faire volte-face, parce qu'elle sentait mes jambes lourdes et ma démarche pénible. Par une sorte de coquetterie ridicule, j'ai tenu à aller jusqu'au bout, mais quand nous sommes rentrés, j'étais en nage.

Je ne me plains de rien. Mais c'est long, très long, de s'habituer à devenir un vieillard. Il y a certes des compensations et celles-ci sont telles que je ne donnerais pas une année de mes années présentes pour toutes celles où j'ai vécu avec une activité dévorante et le plus souvent vaine.

Si je viens de retracer quelques images, ce n'est pas par nostalgie. Il a fallu beaucoup de temps, certes, pour que cela se produise : aujourd'hui, dans notre maisonnette, je me sens chez moi, serein, à collectionner mes bavardages au magnétophone, et surtout Teresa est là, en face de moi, dans son fauteuil rouge qui fait face à mon fauteuil blanc, et de qui un mot, un sourire remplacent avantageusement les bateaux, les chevaux, les nuits souvent folles.

Il n'est pas jusqu'aux oiseaux de notre jardin qui ne collaborent à ma joie de vivre.

Même jour.
Huit heures moins le quart du soir.

C'est une heure à laquelle il m'arrive exceptionnellement de dicter, mais j'en ai envie aujourd'hui, quoique je n'aie rien de sensationnel à dire.

Ce matin, j'ai dicté pendant deux heures et j'en ai encore la voix un peu cassée. Cet après-midi, j'ai reçu un journaliste de *L'Humanité.* C'est un homme cultivé, très à l'aise dans ses questions, qui s'attendait à me trouver dans une sorte de palais des mille et une nuits plutôt que dans notre petite maison.

Pas un instant, pendant les deux heures qu'a duré l'interview enregistrée, il n'a été question de politique. Cela ne m'aurait d'ailleurs pas gêné, mais le sujet que mon interviewer a choisi m'a bien plus passionné et me fait encore réfléchir au point que je reprends mon magnétophone à une heure incongrue.

Grosso modo, il voulait savoir quelles idées je gardais de telle ou telle province de France. Je lui ai répondu, ce qui est vrai, qu'il m'est difficile de faire un choix.

Alors, au lieu de me fixer sur un point géographique, j'ai laissé les images errer dans mon esprit comme cela m'arrive si souvent lorsque je m'endors. J'ai pris pour base le tour de France par les canaux et les rivières que j'ai fait jadis avec le *Ginette.* A peine avais-je commencé d'une façon hésitante, les

161

souvenirs ont afflué, avec une telle netteté que j'en étais troublé et que, si la nécessité n'avait mis fin à cet entretien, j'aurais encore pu parler avec délectation pendant des heures. C'est après que la question s'est posée. Nous recevons au cours de notre existence des millions, sinon des milliards d'images. Un certain pourcentage s'imprime dans notre cerveau d'une façon indélébile.

Ce n'est pas une question de choix de notre part. Ce n'est pas toujours non plus une question de sentimentalité. Souvent, les événements les plus anodins, dont nous nous rendons à peine compte sur le moment, trouvent ainsi une cellule dans laquelle se fixer pour toujours.

Nous ne choisissons pas nos souvenirs. Ce sont eux qui s'imposent, à notre insu, et si nous les retrouvons, pleins de fraîcheur, vingt ou cinquante ans plus tard, ce n'est pas nous non plus qui allons les rechercher dans notre mémoire. La veille encore, nous croyions avoir oublié certains événements. Soudain, sans raison apparente, événements et images renaissent bon gré mal gré.

C'est peut-être ce phénomène qui a donné naissance au mot « remords » comme au mot « maudit ». Certains, sans doute, et j'espère qu'ils sont rares, ont enregistré en leur temps des faits et gestes qui, quand ils leur reviennent en retour, leur paraissent insupportables.

Peut-être un jour la science nous dira-t-elle le pourquoi de ces enregistrements involontaires et inconscients ; le pourquoi aussi de leur retour précis quarante ou cinquante ans plus tard. Je ne sais pas quelle sera cette explication. Ce que je sais c'est que, comme chacun, je possède mon livre d'images et je voudrais que pour tout le monde il soit aussi ensoleillé.

J'ai passé mon enfance à Liège où il pleut autant qu'au Havre ou à Bordeaux. J'ai connu Tahiti et la partie la plus pluvieuse de l'Afrique équatoriale.

162

Par quel phénomène cette pluie lancinante s'est-elle dissipée? De Tahiti, de l'Uganda, du Zaïre, des Indes, je n'ai conservé que des images ensoleillées.

C'est ce que je souhaite à tous.

Hier soir, avant de m'endormir, j'ai été pris du désir de me relever et de continuer les phrases que j'avais dictées au sujet de la mémoire. Teresa, me sachant fatigué, m'en a empêché et elle a eu raison.

C'est pourtant une idée qui me hante encore. Dans l'après-midi, j'avais donné une longue interview à un sympathique et très intelligent collaborateur de *L'Humanité*. Je crois avoir compris que c'est le point de départ d'une série d'articles sur les villes de France. Je n'ai hésité que quelques instants quand il m'a demandé de choisir une ville. J'aurais pu prendre par exemple La Rochelle, que je connais à fond.

J'ai préféré choisir la France entière, mais une France mal connue, celle des canaux et des rivières. En 1924, je pense, j'ai franchi à peu près mille neuf cent cinquante écluses. Mon bateau n'était pas un yacht. C'était un de ces youyous que, d'habitude, les yachts emportent sur leur pont, soit pour aller faire leur marché, soit comme bateau de sauvetage.

A la traîne venait un canoë qui contenait ma machine à écrire, du matériel de couchage, une tente genre tente de boy-scout, etc.

Tout cela, je l'ai dit hier à mon interviewer. Je me suis efforcé de donner ce que j'appelle le vrai visage de la France, celui qui est tourné vers l'eau. Car, jadis, la partie la plus intime du village ou de la ville faisait face au fleuve, à la rivière, ou aux canaux. Il en est de même pour Paris, dont les quais merveilleux ont été odieusement transformés en autodromes.

Comme mon périple du Nord au Midi et de l'Est à l'Ouest a duré près d'un an, j'ai dû abréger et choisir.

En somme, c'est plutôt comme un livre d'images que je me suis efforcé de dessiner, avec la mentalité et le mode de vie des habitants de chaque endroit.

C'est là qu'hier soir, avant de m'endormir, je me suis posé des questions que j'avais déjà esquissées.

Pourquoi les lavandières de tel village ou de telle ville prenaient-elles une telle importance dans mon souvenir ? Pourquoi d'autres villages me sont-ils réapparus presque dans leur réalité du moment ? Du coup, je suis allé plus loin et c'est ce qui m'a empêché un bon moment de m'endormir.

Je ne suis pas un scientifique, bien au contraire, de sorte que certains souriront devant ma naïveté. On nous affirme que nous avons des milliards de cellules dans le cerveau, chacune ayant une fonction distincte. Est-ce que, par exemple, un certain nombre de ces cellules sont chargées de capter une image fugitive et de le faire à notre insu ?

Cela me fait penser aux photographes qui opèrent sur les plages sans que vous vous en aperceviez, et qui vous glissent furtivement à la main un petit ticket qui vous permet d'aller acheter à telle adresse la photographie qu'ils viennent de prendre. C'est le métier qu'a fait pendant un assez long temps mon vieil ami Michel Simon.

Au cours de notre vie, nous ignorons quelles sont les images qui ont été enregistrées ainsi à la sauvette. Il y a un très grand déchet, sinon je crois que notre cerveau s'engorgerait et que les images ne seraient que du noir comme les photos ratées.

Nous vivons, inconscients de ce qui compte ou de ce qui ne compte pas, de ce qui restera et de ce qui ne laissera pas de traces. Nous accordons à certains moments de notre existence une importance extraordinaire et bien souvent ces moments-là disparaissent ensuite dans le néant. Sont-ce des cellules qui sont mortes ou qui se sont sclérosées ? Je l'ignore. Comme j'ignore pourquoi à un moment donné, alors que nous sommes préoccupés par de tout autres choses qui nous paraissent capitales, une image du passé s'impose à nous alors que nous étions persuadés de l'avoir oubliée.

Je ne parle pas seulement d'images. Il y a aussi des questions de lumière, voire de reflets sur un champ de blé ou sur un meuble ; il y a la question des odeurs, de bouffées que nous croyons oubliées à jamais. Des bruits aussi, d'un brouhaha de voix, comme dans un café ou une brasserie.

J'ai oublié quel publicitaire a lancé la formule : chaque goutte compte. Il devait s'agir d'un produit pharmaceutique.

Dans notre courte existence, chaque goutte compte aussi car nous ne savons jamais à quel moment tel ou tel autre revivra en nous et prendra la prééminence.

Je n'en suis pas moins persuadé que notre mentalité, nos humeurs, voire notre avenir dépendent de ces images inconscientes, de ces gouttes immatérielles qui font peu à peu, à notre insu, notre personnalité, notre bonheur ou notre malheur.

C'est aux savants, comme on les appelle, de répondre à cette question. Ils l'ont peut-être déjà fait, mais je l'ignore.

Nous sommes à l'époque de la biologie. Je ne pense pas qu'un jour plus ou moins proche elle ne nous explique le phénomène du souvenir, aussi bien quand nous vivons le passé que quand une parcelle de ce passé est choisie parmi tant d'autres pour nous influencer à nouveau.

Post-scriptum.

Si nous ne sommes pas maîtres des images que nous enregistrons et de celles, beaucoup plus rares, qui nous reviennent, parfois comme une hantise, n'est-il pas logique que cela crée, par-ci par-là, ce que nous appelons les déments ?

Nous ne connaissons pas les images qu'ils ont enregistrées. Nous ignorons aussi celles qui les hantent. A l'aide de quel critère les juger ?

Je me demande si ce n'est pas une des raisons pour laquelle les psychiatres appelés à témoigner en justice sur des actes prétendus criminels ne s'entendent jamais entre eux ou préfèrent la déposition qui plaît tant aux juges : l'accusé est pleinement responsable de ses actes.

Même jour, cinq heures de l'après-midi.

Avant la guerre, j'avais un ami médecin que j'avais rencontré... à Bombay. Il était tellement Français d'aspect, avec ses vêtements confectionnés pour d'autres cieux, que je l'ai repéré dès l'échelle de coupée.

C'était un homme simple, bienveillant, d'une franchise que j'ai rarement rencontrée dans la profession.

Il était pourtant le meilleur phtysiologue français, au point qu'on l'appelait en consultation aussi bien aux Indes qu'en Espagne ou qu'ailleurs. Il dirigeait, en outre, le service de phtysiologie d'un des plus importants sanatoriums de France. Il me confiait, un soir que nous discutions la question :

— Les malades se figurent que nous les guérissons. A de rares exceptions près, ce sont eux qui guérissent.

Croyait-il à la médecine ? Je me le suis longtemps demandé. Il performait cependant les opérations les plus délicates, comme les sections de brides, ou, en cas extrême, la thoracoplaxie.

Chaque mois, il se rendait à Leysin pour opérer les malades qui s'y trouvaient isolés dans des sanatoriums. Il lui arrivait de réaliser alors jusqu'à trente ou quarante opérations par jour.

Il restait calme, souriant, et il n'avait pas l'air d'un homme à complexes ni d'un homme pressé. Le soir, dans son lit, il se détendait en écrivant des vers. Et, quand il en avait le temps et l'occasion, il se rendait à la Salle Drouot pour acheter quelques-unes des bouteilles vénérables d'un restaurant de Paris qui disparaissait.

J'ai beaucoup pensé à lui ces derniers temps. J'ai vu bon nombre de médecins. Et c'est alors que l'image de mon ami m'est revenue et j'ai cru entendre sa voix me répéter :

— Ce n'est pas le médecin qui guérit, c'est le malade.

Je ne prétends pas qu'il n'existe pas ce qu'on appelle aujourd'hui de médecine de pointe, de greffes d'organes, y compris du cœur en attendant les greffes du cerveau.

Ce que je me demande, c'est quel pourcentage de ceux qui choisissent la médecine comme profession y croit sincèrement et continue à y croire après avoir exercé un certain nombre d'années leur art.

Je les crois relativement peu nombreux. Dans combien de familles bourgeoises ne vous annonce-t-on pas fièrement en vous désignant un garçon de quinze ans :

— Il sera médecin.

Ma mère n'avait pas d'aussi hautes ambitions pour moi. Son rêve était de me voir entrer au Nord-Belge, qui était alors une grande compagnie de chemins de fer, parce qu'on était sûr une fois entré pour le reste de ses jours. A la mort de mon père, elle a d'ailleurs épousé un chef de train et, jusqu'à sa mort à elle, il y a six ans environ, elle a reçu une pension substantielle.

La question des hôpitaux, à présent, complique encore la question de la médecine. Il ne s'agit plus de soigner le malade anonyme et pauvre, mais de s'en débarrasser et le moyen de s'en débarrasser est de l'envoyer à l'hôpital le plus proche.

Rares sont, dans l'ensemble, le nombre de docteurs en médecine qui n'appartiennent pas à tel hôpital ou à telle clinique. Ce sont devenus des fonctionnaires et, eux aussi, comme le chef de train qui a épousé ma mère, recevront une pension.

J'aimerais parler du médecin de campagne, bon à tout

170

faire, comme l'était le petit docteur sur lequel j'ai écrit jadis un certain nombre d'histoires. Il était levé dès l'aube. Son territoire, si je puis dire, s'étendait sur cinq villages dans lesquels vivaient des pauvres et des riches. Il y avait surtout des fermes. Il courait de l'une à l'autre. Je me souviens d'un mois de mars, car nous étions voisins, où il a été réveillé vingt fois au milieu de la nuit pour des accouchements.

Je ne serais pas sincère si je ne disais pas qu'il avait horreur du mois de mars qui, dans la région, pour des raisons que je n'ai pas approfondies, était celui des naissances.

A huit heures du matin, dans sa salle d'attente exiguë, il y avait déjà vingt personnes. Comment aurait-il fait cette fameuse médecine de pointe ?

Cela durait à peu près toute la journée. J'ignore s'il était croyant. Si oui, il devait balbutier en s'endormant :

— Pourvu qu'aucune femme n'accouche cette nuit.

Le plus extraordinaire, c'est qu'il était toujours souriant, de bonne humeur, avec une tendance à plaisanter, comme mon ami de Paris, rencontré à Bombay.

Il manquait toujours des boutons à ses vêtemens qui ne connaissaient que de loin en loin un coup de fer. Il était de très petite taille et, à quarante-cinq ans, avait encore l'air d'un étudiant.

Ce qui me rappelle une anecdote. Un jour, une énorme fermière est sur le point d'accoucher et on l'appelle. Comme il me le disait, dans ce cas-là, on occupe toute la maison à pomper de l'eau, à remplir des seaux et des brocs, ce qui ne sert absolument à rien mais ce qui a le mérite de nous débarrasser des importuns.

Cela se passait dans un pays où les lits sont très hauts. Notre petit docteur, après avoir découvert la parturiente, grimpe sur ce lit, ce qui était tout naturel dans un décor aussi rustique, et la femme se met à hurler :

— Plus longtemps que je laisserai faire un galopin comme vous !

Je ne suis pas occupé à dicter une série d'anecdotes médicales. Je pourrais en remplir plusieurs gros volumes. Je redeviens sérieux.

Qui croit en la médecine ?

Les paysans, moins qu'à leurs guérisseurs ou aux recettes données par les journaux du dimanche. Les médecins, eux, comme je le disais en commençant, sont partagés. Mais, de quelque bord qu'ils soient, quels que soient leur foi ou leur scepticisme, le jour où ils se sentent sérieusement atteints, ils courent de confrère en confrère, n'ayant réellement confiance en aucun d'entre eux, persuadés qu'on leur ment, cherchant désespérément une vérité qui leur échappe mais qu'ils sentent confusément.

Dimanche 12 juin 1977.

Encore un dimanche.

Ce matin, à mon réveil, j'ai annoncé à Teresa une nouvelle qui pourrait se révéler être une fausse nouvelle.

Depuis quatre ou cinq jours, je me sens lourd, je porte quelque chose en moi que j'ignore, un peu comme une femme avant son premier bébé. C'est avec moins de conviction que d'habitude que je commence ce douzième volume de ce qui devrait devenir « Mon magnétophone et moi » car c'est le titre, je pense l'avoir déjà dit, que j'ai l'intention de donner à la série.

J'avoue que j'ai cherché longtemps ce titre général. Ce que je dicte presque quotidiennement, ce ne sont pas à proprement parler des mémoires puisqu'il n'y a aucune continuité. On ne peut pas dire non plus que ce soient des « Mélanges ». Ces livres ne constituent pas non plus un essai, encore que j'essaie de trouver l'homme en moi. Une chronique ? C'est faux aussi puisque je ne parle à peu près de personne, sinon de passants aperçus dans la rue ou dans un bistrot.

En somme, on pourrait dire que cela ne correspond à rien. Mais cela demanderait un degré d'humilité que je ne possède pas, pour intituler cette série : « Rien du tout ». Je laisse aux critiques le soin de le dire.

La série, y compris le volume que je termine aujourd'hui,

comportera douze gros volumes. En la commençant, je ne m'étais pas fixé de limite. Je pensais plutôt écrire trois ou quatre volumes, car je n'espérais pas que la vie serait si clémente avec moi et me laisserait le temps de dicter davantage.

Or, voilà que, malgré mes soixante-quatorze ans et demi, j'envisage de récidiver, c'est-à-dire de dicter autre chose.

Quoi ? Je n'en sais rien. On m'affirmerait que je vais dicter des ouvrages de poésie, que je me laisserais peut-être convaincre, tout naïf que je suis, bien que je n'aie jamais écrit de poèmes de ma vie.

Je ne vais pas non plus m'efforcer d'exprimer mon opinion sur les événements d'hier ou les événements actuels. Des centaines de spécialistes s'en occupent et sont mieux armés que moi.

Je ne veux pas écrire pour écrire, pour ajouter de nouveaux ouvrages à ceux qui encombrent déjà les librairies.

C'est pour cela que je suis comme une jeune femme enceinte. Je sais que, mes douze volumes terminés, j'éprouverai encore le besoin de dicter, un besoin presque physique qui n'a pas du tout pour but de remplir les heures vides d'un retraité.

J'ai besoin, comme je l'ai eu toute ma vie, dès l'âge de seize ans, de dire quelque chose. Ce quelque chose est-il important ou aurais-je mieux fait d'élever des chevaux au lieu de m'efforcer de comprendre les hommes ? La réponse, ici aussi, dépend des critiques et peut-être des enfants ou des successeurs des critiques d'à présent.

Il n'existe chez moi aucune gloriole, aucun besoin de briller. J'ai plutôt tendance à me cacher dans mon coin et à fuir aussi bien les réunions officielles que les réunions mondaines.

Ce qu'il me fallait, c'était une femme qui soit un autre moi-même et avec qui je me sente en complète symbiose. (Pardon pour ce mot pédant qui m'échappe faute d'en trouver un

174

autre.) Cette femme, je l'ai trouvée. En quinze ans, il n'y a pas eu la moindre discordance. Si je me laisse aller, mais je m'arrête à temps, je commencerais tout de suite un ouvrage sur l'amour, ce qui n'est pas original.

Teresa me regarde d'un air interrogateur. On dirait que cette dictée l'inquiète, alors que quand, ce matin, je lui ai parlé encore assez vaguement d'un projet plus grave encore, elle a sauté de joie.

Je vais encore dicter cette bobine qui terminera la première série. Rien, sinon une sorte d'intuition, ne m'indique que les bobines de la seconde série seront très différentes.

Après tout, un homme n'est qu'un homme, une petite unité parmi des milliards d'hommes. J'ai beau en avoir connu beaucoup, très peu en comparaison avec les milliards, j'ignore par quel bout les prendre.

Tout le monde aujourd'hui écrit ou fait écrire ses mémoires.

J'ai lu quelques-uns de ces livres et ils sont bourrés d'anecdotes, vraies ou fausses, de portraits acides ou amicaux de tous ceux dont on lit le nom dans les journaux.

Pas d'anecdotes ! Pas d'amis !

Qu'est-ce qu'il me reste, je ne le sais pas encore, mais il me semble que le temps est venu de ne pas continuer à parler de moi seul.

Si je l'ai fait si longtemps, c'est que je suis la seule personne que je connaisse vraiment.

J'ignore comment l'enfant se présentera, j'ignore si ce sera un garçon ou une fille. Tout ce que je sais, c'est ce que ce ne sera pas, et je sens bien que pendant les semaines qui suivent, je ressentirai le même malaise et la même inquiétude que quand je me préparais à écrire un roman.

Je crois que j'ai trouvé le titre de ce volume, ce qui ne m'est pas arrivé souvent car, la plupart du temps, le titre me vient alors que ma dictée est terminée.

Ce volume-ci, si je ne change pas d'avis en route, s'intitulera « Les Mémoires d'un enfant de chœur ».

J'ai souvent employé ce mot enfant de chœur dans mes nouvelles ou dans mes romans. Je l'ai aussi employé dans *Pedigree* où je racontais mon enfance d'une façon plus littéraire que véridique. Comme je l'ai dit à l'époque, tout y est vrai mais rien n'est exact.

On pourrait dire que, pendant la plus grande partie de ma vie, j'ai été plus ou moins poursuivi par le mythe de l'enfant de chœur. Certaines périodes de notre vie nous marquent profondément. D'autres, qui nous paraissent beaucoup plus importantes, laissent très peu de traces, quand elles en laissent.

L'hôpital de Bavière, à Liège, est immense et comporte de nombreux bâtiments, chacun plus ou moins réservé à une spécialité. Je crois qu'il date des ducs de Bavière, mais je n'en suis pas sûr et cela n'a aucune importance.

Ce qui est important, c'est que quand j'étais enfant il n'y avait que les indigents à y être admis. On les avait même revêtus d'un uniforme d'un bleu verdâtre et, ceux qui en étaient capables, se promenaient dans les allées, canne à la main, ou s'asseyaient sur un banc.

Au milieu des pavillons, il existait et il existe encore une chapelle adorable, ouverte à tous les malades qui désiraient s'y rendre, mais avec pourtant une distinction : les bonnes sœurs, qui étaient des Petites Sœurs des Pauvres, avec leur vaste cornette blanche qui leur donnait de loin l'air de mouettes, disposaient d'une galerie d'où elles étaient séparées des malades !

Je les ai bien connues. Je les ai admirées. L'automobile n'était qu'à ses débuts, et elles ne disposaient, pour leurs collectes, surtout pour leur collecte de vivres, que d'une voiture tirée par un vieux cheval.

L'une des meilleures amies de ma mère, qui avait débuté avec elle à l'Innovation, était devenue Petite Sœur des Pauvres, elle aussi.

Comment ai-je été introduit, dès l'âge de huit ou neuf ans, je l'ignore ? Mes souvenirs sont assez confus sur ce point-là. Je suppose que je l'ai dû à l'amitié entre ma mère et Maria Debeurre qui travaillait déjà à l'hôpital de Bavière.

Ce n'était pas loin de la rue de la Loi où j'habitais. Moins de cinq cents mètres, mais c'était un quartier où la circulation était presque inexistante, en dehors du tramway, et les rues, à cette époque, étaient peu éclairées.

Je crois que j'en ai déjà parlé. La messe que je servais dans la chapelle de l'hôpital se célébrait à six heures du matin. L'été, il faisait grand jour et souvent même grand soleil. L'hiver, c'était l'obscurité à peu près complète et j'avoue que je courais en me tenant dans le milieu de la rue, par crainte des ombres et des porches, pour arriver à la petite lanterne jaune, disproportionnée d'avec la taille de l'entrée de l'hôpital.

Quand j'y arrivais, haletant, je me sentais enfin en sécurité et, après avoir salué le vieux concierge, je me dirigeais vers la chapelle. C'est dans cette chapelle, entre parenthèses, que j'ai tenu, il y a cinq ou six ans, à ce qu'aient lieu les obsèques de ma mère.

Puisque je me suis juré d'être franc jusqu'au bout, j'avoue que le réveil à cinq heures du matin, alors que mes parents dormaient encore, mes courses précipitées vers la lumière jaune de l'hôpital, n'étaient pas complètement désintéressés.

Pour servir la messe de six heures chaque jour et une seconde messe de huit heures le dimanche, je touchais deux francs par mois. Il est difficile, avec le bouleversement des monnaies qui est intervenu depuis, de savoir ce que cela représenterait aujourd'hui. Prenons comme base que cela me permettait d'acheter chaque semaine un journal illustré.

Cependant, il y avait ce que les gens de l'hôtellerie appellent de la « gratte », c'est-à-dire des revenus supplémentaires. J'ai dit que l'hôpital de Bavière, à cette époque, était surtout occupé par des indigents. C'était donc la municipalité de Liège qui en était responsable. Lorsqu'ils mouraient, on leur faisait une absoute fort décente à la chapelle, et moi, dans mon rôle d'enfant de chœur, je recevais cinquante centimes.

Certains jours fastes, je voyais se suivre deux ou trois absoutes. Vais-je avouer que je m'en réjouissais ? C'est la vérité. Il s'agissait de gens que je ne connaissais pas, que tout au plus j'avais pu apercevoir, dans leur uniforme bleu, sur un banc du jardin.

Et cinquante centimes, c'était cinquante centimes.

J'étais scrupuleusement à l'heure. Je n'avais besoin de personne pour me réveiller. Je m'habillais en silence puis passais sur la pointe des pieds devant la chambre de mes parents.

L'été, je recevais de gaies bouffées de la rue. J'ai déjà dit qu'il n'en était pas de même en hiver et que maintes fois j'ai failli abandonner.

Sans doute n'étais-je pas particulièrement brave, mais ces rues obscures, sans un passant, sans bruits de pas, m'oppressaient déjà et si je dis déjà c'est parce qu'elles m'oppressent encore aujourd'hui. A côté de cela, la messe de six heures terminée, je me précipitais aux bains de la Meuse d'où, petit bonhomme maigrelet, je plongeais d'une hauteur de dix mètres.

Au fond, cela représente deux tendances que j'ai conservées toute ma vie.

Que ce soit à bord du *Ginette,* dont je parlais récemment, à bord de l'*Ostrogoth,* dans les pays tropicaux les plus sauvages à l'époque, je n'ai jamais ressenti la peur. Mais, peut-être à cause de mes souvenirs d'enfant de chœur, il me vient une angoisse de me sentir seul, la nuit, dans une rue déserte.

Si j'ai eu envie de parler de l'enfant de chœur dans le titre de ce volume, c'est que je m'aperçois, à mesure que je vieillis, que c'est une époque qui m'a marqué à jamais.

J'étais blond, les cheveux coupés court, avec un air qui, tous ceux qui m'ont connu me l'affirment, était malicieux. En même temps, j'étais toujours le premier à obéir, que ce soit en classe ou ailleurs, et à me comporter comme on me demandait de le faire.

La révolte est venue plus tard, vers les douze ou treize ans, mais elle ne m'a pas quitté depuis. L'enfant sage regardait avec des yeux trop réfléchis autour de lui. Il se refusait à accepter la réalité conformiste. Il s'est mis aussi à détester ses oncles et ses tantes qui représentaient à ses yeux la bonne éducation.

Est-ce par lâcheté qu'il ne s'est pas déclaré plus tôt un garçon en marge, c'est-à-dire une forte tête ?

Je me suis souvent posé cette question. Je me suis demandé pourquoi j'étais resté un mouton parmi les loups. Tout me poussait à m'opposer à mon entourage, que ce soient les Petits Frères des Ecoles Chrétiennes, les Jésuites du collège Saint-Servais. Toutes mes lectures m'entraînaient vers un monde différent. Quant à mes parents, que j'aimais intensément, surtout mon père, ce sont des questions que j'aurais eu la pudeur de discuter avec eux.

J'allais à la messe quand il le fallait vraiment, c'est-à-dire lorsqu'on s'y rendait en famille ou avec l'école. Mais l'ancien enfant de chœur que j'étais avait déjà perdu la foi.

Liège était à cette époque une grande cité industrielle. Dès qu'on en approchait en chemin de fer, à cinquante kilomètres, on voyait des usines cracher du feu et des fumées d'une couleur malsaine. Plus près, presque au ras des voies, on apercevait des hommes au torse nu qui enfournaient le charbon et les minerais dans des fours à zinc, à cuivre, à tout ce qui pouvait rapporter de l'argent, et qui savaient que leurs chances de vie étaient d'à peu près quarante-cinq ans.

On parle aujourd'hui de la retraite à soixante ou soixante-cinq ans. Comme par hasard, quand je lis la liste des membres du conseil d'administration des mêmes sociétés, je retrouve à la tête les mêmes noms qui se transmettent de père en fils avec la fortune.

Combien d'ouvriers, entre-temps, sont morts prématurément de leur travail ? Je ne parle pas de mineurs dont nous étions entourés aussi, et qui, aujourd'hui, doivent se battre, pour trouver du travail.

J'ai été un tout petit enfant de chœur bien sage, bien obéissant, qui n'a jamais vidé les burettes et qui répondait respectueusement :

— Oui, Monsieur le Curé ; ou simplement : Oui, Monsieur,... Oui, Madame...

Quand, aujourd'hui, je me permets le luxe de rêver, l'hôpital de Bavière me revient automatiquement en tête et je me revois, portant un long manche, auquel était fixée une croix d'argent, aller de pavillon en pavillon, suivi de l'aumônier qui, dans ses burettes, apportait les « saintes huiles » aux mourants.

Mon passage à l'hôpital de Bavière, dont la sacristie était un joyau du xve ou du xvie siècle, ne m'a pas été inutile. Peut-être est-ce lui qui m'a fait ce que je suis devenu, sauf la dureté et l'indifférence que je n'ai jamais acceptées.

Mardi 14 juin 1977.

La mode était jadis pour un auteur d'écrire une préface plus ou moins longue et souvent une postface. Ce matin, alors que je suis théoriquement en vacances, j'éprouve le besoin d'écrire une postface.

Pendant près de quatre ans, j'ai vécu en tête à tête, non seulement avec Teresa quinze ans, mais avec mon magnétophone. Et qu'est-ce que je racontais à mon magnétophone, comme je le fais avec Teresa au cours de promenades : je parlais de moi.

C'est pourquoi j'ai choisi un titre général aux douze volumes de mes dictées : « Mon magnétophone et moi ».

Cela s'est terminé hier. Je ne peux pas, en effet, continuer pendant je ne sais combien de volumes à m'analyser.

Je n'en suis pas moins mélancolique et nerveux. Mélancolique parce que ces confidences m'ont procuré si longtemps de bons moments.

Nerveux parce qu'il y avait déjà un certain temps que je ressentais le besoin d'exprimer autre chose. Quoi ? Je n'en sais rien. C'est en moi une sorte de brouillard d'où émergeront tout à coup, comme cela se passait pour un roman, des images et peut-être des personnages.

Des personnages, c'est peu probable, car je me sens incapable de juger les hommes et je suis devenu incapable aussi d'écrire des romans, c'est-à-dire de faire vivre des êtres fictifs.

Il fait gris, humide. Une petite perruche est venue s'intégrer à notre volée d'oiseaux. Elle y a été accueillie comme si elle avait toujours été là et aucun de mes passereaux plus ou moins gris n'a paru s'étonner de ses plumes d'un beau vert.

Au fond, je parle pour parler, parce que j'ai de la peine à quitter cette série de douze volumes qui avait pris tant d'importance dans ma vie. Cet après-midi, Aitken viendra chercher les dernières bobines et, quand elles seront dactylographiées, je leur ferai, comme d'habitude, une révision distraite.

Pour moi, la journée a quelque chose d'important. J'ai hâte que le brouillard de mes projets se dissipe, et de recommencer, avec Teresa dans son fauteuil rouge, des dictées sur lesquelles je n'ai pas la moindre idée.

Notre vie pourrait se découper en tranches comme du salami. Mettons qu'aujourd'hui j'ai coupé le bout d'un salami.

Je saurai dans quelques jours ou dans quelques semaines par quoi je le remplacerai mais je sais déjà que ce ne sera pas par du caviar ou du foie gras.

Nous entrons, Teresa et moi, en clinique dès vendredi. L'un et l'autre, nous nous sentons épuisés. C'est souvent lorsque nous sommes dans cet état que naissent les idées, bien plus que dans les moments d'euphorie.

Il s'est passé ces derniers jours, entre Teresa et moi, un phénomène que je suis incapable d'exprimer. Pendant de longues années, j'ai cru que nous nous aimions au maximum possible. Depuis quelques jours, sans que cet amour ait diminué, au contraire, il s'y est ajouté une tendresse infinie et, même la nuit, dans mon sommeil ou mon demi-sommeil,

184

j'éprouve le besoin de prendre contact avec elle, fût-ce un contact furtif, pour ne pas la réveiller.

Si j'étais croyant, je balbutierais une prière :

— Mon Dieu, faites que nous vivions encore longtemps tous les deux !

OUVRAGES DE GEORGES SIMENON

AUX PRESSES DE LA CITÉ (suite)

« TRIO »

I. — La neige était sale — Le destin des Malou — Au bout du rouleau

II. — Trois chambres à Manhattan — Lettre à mon juge — Tante Jeanne

III. — Une vie comme neuve — Le temps d'Anaïs — La fuite de Monsieur Monde

IV. — Un nouveau dans la ville — Le passager clandestin — La fenêtre des Rouet

V. — Pedigree

VI. — Marie qui louche — Les fantômes du chapelier — Les quatre jours du pauvre homme

VII. — Les frères Rico — La jument perdue — Le fond de la bouteille

VIII. — L'enterrement de M. Bouvet — Le grand Bob — Antoine et Julie

★

PRESSES POCKET

Monsieur Gallet, décédé
Le pendu de Saint-Pholien
Le charretier de la Providence
Le chien jaune
Pietr-le-Letton
La nuit du carrefour
Un crime en Hollande
Au rendez-vous des Terre-Neuvas
La tête d'un homme

La danseuse du gai moulin
Le relais d'Alsace
La guinguette à deux sous
L'ombre chinoise
Chez les Flamands
L'affaire Saint-Fiacre
Maigret
Le fou de Bergerac
Le port des brumes
Le passager du « Polarlys »
Liberty Bar

Les 13 coupables
Les 13 énigmes
Les 13 mystères
Les fiançailles de M. Hire
Le coup de lune
La maison du canal
L'écluse nº 1
Les gens d'en face
L'âne rouge
Le haut mal
L'homme de Londres

★

A LA N.R.F.

Les Pitard
L'homme qui regardait passer les trains
Le bourgmestre de Furnes
Le petit docteur
Maigret revient

La vérité sur Bébé Donge
Les dossiers de l'Agence O
Le bateau d'Émile
Signé Picpus

Les nouvelles enquêtes de Maigret
Les sept minutes
Le cercle des Mahé
Le bilan Malétras

ÉDITION COLLECTIVE SOUS COUVERTURE VERTE

I. — La veuve Couderc — Les demoiselles de Concarneau — Le coup de vague — Le fils Cardinaud

II. — L'Outlaw — Cour d'assises — Il pleut, bergère... — Bergelon

III. — Les clients d'Avrenos — Quartier nègre — 45° à l'ombre

IV. — Le voyageur de la Toussaint — L'assassin — Malempin

V. — Long cours — L'évadé

VI. — Chez Krull — Le suspect — Faubourg

VII. — L'aîné des Ferchaux — Les trois crimes de mes amis

VIII. — Le blanc à lunettes — La maison des sept jeunes filles — Oncle Charles s'est enfermé

IX. — Ceux de la soif — Le cheval blanc — Les inconnus dans la maison

X. — Les noces de Poitiers — Le rapport du gendarme G. 7

XI. — Chemin sans issue — Les rescapés du « Télémaque » — Touristes de bananes

XII. — Les sœurs Lacroix — La mauvaise étoile — Les suicidés

XIII. — Le locataire — Monsieur La Souris — La Marie du port

XIV. — Le testament Donadieu — Le châle de Marie Dudon — Le clan des Ostendais

SÉRIE POURPRE

Le voyageur de la Toussaint   La maison du canal   La Marie du port

ACHEVÉ D'IMPRIMER LE
29 MARS 1979 SUR LES
PRESSES DE L'IMPRIMERIE
BUSSIÈRE, SAINT-AMAND (CHER)

— N⁰ d'édit. 4037. — N⁰ d'imp. 157. —
Dépôt légal : 1ᵉʳ trimestre 1979.